"진정한 발견은
새로운 것을 찾는 것이 아니라
새로운 눈으로 보는 것이다."

_ 마르셀 프루스트

비즈니스 창의력을 발휘하는 7가지 생각 공식
다르게 생각하는 연습

초판 1쇄 발행 2016년 9월 20일
초판 8쇄 발행 2020년 9월 04일

지은이 박종하
펴낸이 한준희
펴낸곳 (주)새로운 제안

등록 2005년 12월 22일 제2020-000041호
주소 (14556) 경기도 부천시 조마루로 385번길 122 삼보테크노타워 2002호
전화 032-719-8041 **팩스** 032-719-8042
홈페이지 www.jean.co.kr **e-mail** webmaster@jean.co.kr

ISBN 978-89-5533-509-5 (13320)
ISBN 978-89-5533-510-1 (15320) 전자책

저작권자 ⓒ 박종하 2016~2018
이 책의 저작권은 저자에게 있습니다. 서면에 의한 저자의 허락 없이
내용의 일부를 인용하거나 발췌하는 것을 금합니다.

※책값은 뒤표지에 있습니다.
※잘못 만들어진 책은 구입하신 서점에서 교환해 드립니다.
※저자와의 협의하에 인지는 생략합니다.

이 도서의 국립중앙도서관 출판예정도서목록(CIP)은 서지정보유통지원시스템 홈페이지(http://seoji.nl.go.kr)와
국가자료공동목록시스템(http://www.nl.go.kr/kolisnet)에서 이용하실 수 있습니다.
(CIP제어번호 : CIP2016020417)

비즈니스 창의력을
발휘하는
7가지
생각 공식

박종하 지음

다르게 생각하는 연습

새로운 제안

머리말

"뭐 좀 새로운 거 없어?"

우리가 자주 듣는 말이면서, 또 자주 하는 말입니다. 우리는 새로운 것, 조금 다른 것, 때로는 독특한 것을 원하죠. 왜 다른 것, 새로운 것을 원할까요? 이유는 분명합니다. 그것이 성과도 만들고 재미도 있기 때문이죠. 남들과 비슷한 상품이나 서비스로는 소비자의 선택을 받을 수 없습니다. 비슷비슷한 것이 있다면 소비자가 굳이 내가 제공하는 상품이나 서비스를 선택할 이유가 없겠죠. 소비자의 눈에 띄어야죠. "저건 좀 다른데!"라는 인식을 주어야 선택 받을 수 있겠죠. 그래서 차별화된 상품이나 서비스를 항상 생각하는 겁니다. 그래야 선택을 받을 수 있으니까요. 너무나 많은 상품이나 서비스가 좋은 품질로 제공되고 있는 요즘 세상에서는 조금이라도 색다르고 새로운 것이 바로 경쟁력인 겁니다.

조금 다른 것, 새로운 것이 필요한 또 하나의 이유는 그것이 재미있기 때문입니다. 우리가 느끼는 대부분의 재미는 새로움에 있습니다. 무엇인가 새롭고 독특한 것은 일단 재미가 있잖아요. 반면 아무리 좋은 것도 같은 것이 반복되고 연속되면 지루하고 재미가 없어지죠. 기본적으로 새롭고 기존의 것과 다른 것은 일단 재미가 있습니다. 이것은 비즈니스만이 아닌 우리의 생활에서도 마찬가지입니다. 새로운 경험, 다른 경험을 하는 것이 바로 재미있고 즐거운 인생을 만드는 거 아닐까요?

이렇게 생각해보면 조금은 다른 것, 새로운 것을 선택하고 시도하는 것이 당연합니다. 그런데 우리는 왜 다른 것을 선택하지 못하고 새로운 시도를 주저하고 망설이는 걸까요? 이유는 불안하기 때문입니다. 두렵기 때문이죠. 사람은 기본적으로 남과 다른 것을 선택할 때, 남과 다른 길을 가야 할 때 불안해집니다. 자신의 경험을 한 번 생각해보죠. 다른 생각이나 새로운 시도를 못하고 주저하다 포기했던 경험을 하나 생각해보세요. 무엇이 새로운 생각과 시도를 가로막았나요? 가장 큰 장벽은 아마 불안함과 두려움 때문이었을 겁니다. "만약 잘못되면 어떻게 하지?" "괜히 혼자서 바보되는 거 아닐까?" 남들과 다른 생각을 하고 새로운 시도를 하는 것을 가로막는 가장 큰 장벽은 바로 이런 불안함과 두려움입니다.

요즘 우리 자신을 보면 너무 불안해합니다. 걱정근심이 많고, 뭔가 안정적인 것을 보장받고 싶어합니다. 겁을 먹고 다른 생각이나 새로운 시도는 전혀 하지 않으려고 하죠. 남들과 같은 것을 하는 것이 '안전빵'이라는 생각에 다른 생각보다는 같은 생각만을 따라가게 됩니다. 하지만 그렇게 남들과 같은 생각, 같은 방법으로만 하는 것은 앞에서 이야기한 것처럼 '성과'도 올리지 못하고 '재미'도 없는 겁니다.

어쩌면 최악의 선택이죠. 하지만 불안한 마음에 우리는 계속 남들과 같은 것을 선택하고 같은 방법으로만 하려고 합니다. 너무 안타까운 상황 아닐까요?

생각을 한 번 바꿔보세요. 일단 결과를 보장받겠다는 생각을 버리고, 주인처럼 결과를 만들겠다는 생각이 필요합니다. 그런 생각으로 이 책에 나오는 창의성에 관한 내용들을 보시면 좋겠습니다. 이 책에는 다양한 사례들이 있습니다. 구체적이고 실제적인 사례들을 보면서 "다른 생각을 하고 새로운 생각을 하는 것이 대단한 것이 아니구나. 나도 충분히 할 수 있겠는데!" 하는 마음을 가지시면 좋겠습니다. 이론적인 것이나 방법적인 것 역시 대단히 학술적인 것이 아닙니다. 먼저 경험한 사람들이 우리도 그들처럼 할 수 있도록 가이드한 것이기 때문에 자신의 상황에 적용하여 생각을 해보면 실제적으로 많은 도움이 될 것입니다.

책 한 권 읽었다고 해서 대단한 능력이 생기는 것은 아닙니다. 하지만 어떤 사람은 책 한 권을 읽고 인생을 바꾸기도 하고 또는 대단한 성공의 지혜를 얻기도 합니다. 그 차이는 결국 책에서 제시하는 내용을 독자인 내가 '자신의 상황에 적용하며 읽었는가?' 아니면 그냥 '피상적으로만 읽고 지나갔는가?'에 있습니다. 아무쪼록 이 책의 내용을 자신의 상황에 적용해 조금은 다른 생각, 새로운 생각을 만들고 자신감을 갖고 그 새로운 생각을 실제 결과로 만들어가기 바랍니다.

저는 이 책을 쓰면서 걱정근심이 너무 많은 요즘 우리 사회의 사람들에게 조금은 힘을 주고 싶었습니다. 그리고 원고를 쓰고 있는 나 자신에게도 마찬가지로 "너무 불안해 하지마! 다 그러면서 사는 거야!"라는 말을 해주고 싶었습니다. 용기란 두려워하지 않는 것이 아니라, 두려워도 그것을 하는 것이라고 하지 않습니까? 다른 것, 새로운 것을 하는 것도 마찬가지겠죠. 결과에 대한 두려움 없이 확신으로 가득한 일만 하는 것이 아니라, 결과에 대한 안정적인 보장이 없어도 기회를 만들 수 있다는 자신감을 갖고 새로운 도전을 하는 것 아닐까요? 그것이 바로 남과 다른 창의성을 발휘하는 유일한 길이니까요.

새로움을 향한 여러분의 즐거운 도전을 응원합니다.

2016년 9월
박종하

차례

머리말 004

1강 정답이 아닌 자신의 답을 만들어라 _ 창의력에 대한 재정의

창의성에 대한 오해와 진실 012 | 창의성은 정답에서 나오지 않는다 022 | 창의성을 끌어내는 유대인의 공부법 030

2강 상식을 의심하라 _ 생각의 공식 1

당신은 다양한 관점으로 생각하고 있는가? 044 | 무엇을 생각하든, 자기중심적일 수밖에 없는 이유 052 | 다르게, 부지런하게 생각하라 061

3강 생각을 확인하라 _ 생각의 공식 2

우리의 직관은 믿을 수 있을까? 070 | 지식의 유통기한을 확인하라 077 | 비판적으로 사고하라 082 | 플러스 사고를 하라 089 | 조건을 재설정하라 095

4강 생각을 연결하며 아이디어를 만들어라 _ 생각의 공식 3

창의력은 생각의 연결에서 시작된다 104 | 전혀 다른 개념을 연결하는 방법 113 | 물리적으로, 개념적으로 뒤섞어라 122

5강 생각을 뒤집으며 아이디어를 만들어라 _ 생각의 공식 4

혁신적인 아이디어는 바보 같은 생각에서 출발한다 132 | 생각의 도발로 아이디어 만들기 137 | 틀을 깨는 아이디어 만드는 법 142

6강 모방과 창조, 아이디어를 진화시켜라 _ 생각의 공식 5

모방은 창조의 시작이다 150 | 모방하되 변형시켜라 154 | 협력으로 아이디어를 만든다 159

7강 플러스 알파의 상승효과를 만들어라 _ 생각의 공식 6

선순환과 악순환 168 | 긍정의 힘 179 | 능동적으로 생각하자 187 | 양자택이를 하라 193

8강 불확실함을 피하지 마라 _ 생각의 공식 7

불확실성과 행운 202 | 창의적인 사람들의 비밀 208 | 작은 차이의 힘 213

9강 완벽주의자가 아닌 경험주의자가 되라 _ 창의력은 실행이다

안정의 패러독스 222 | 배짱 있는 도전이 결과를 만든다 230 | 창의성은 도전이다 237 | 초보자에게 주는 조언 244

1강

정답이 아닌
자신의 답을 만들어라

_ 창의력에 대한 재정의

창의성에 대한
오해와 진실

 창의성에 대한 잘못된 선입견

'고독한 천재가 사과나무 밑에서 사색에 빠져 있다. 사과나무에서 사과가 '쿵' 하고 떨어졌다. 사과가 떨어지는 것을 보고 천재의 머릿속에서는 생각의 스파크가 일어났다. '아하' 하는 영감을 받은 그는 만유인력의 법칙을 발견했다.'

뉴턴이 사과가 나무에서 떨어지는 것을 보며 만유인력의 법칙을 발견했다고 말하는 것은 사실일까? 결론부터 말하면 이런 동화 같은 이야기는 완전 엉터리이다. 뉴턴은 논리적이고 분석적이며, 체계적으로 연구했다. 엄청난 양의 계산을 직접 했고, 더 발전된 분석과 계산을 위해 미적분을 고안해 만유인력을 발견했다. 그런데도 사람들이 이런 동화 같은 이야기를 하는 이유는 무엇일까? 그의 천재성을 부각시키고 싶기 때문이다. 천재가 '아하!' 하는 영감을 받아서 무엇인가 일반인들은 하기 힘든 위대한 업적을 이루었다고 말하고 싶어서다.

창의성에 대한 가장 큰 오해는 '천재적인 발상이 있다'는 생각이다. 하지만 창의적인 아이디어는 천재적인 발상으로 얻어지는 것이 아니다. 생각의 노동에서 얻어지는 것이다. 생각이 오래 쌓이고 숙성되면서 그 결과 어느 순간 나타나는 것이다.

오해와 진실

오해	진실
번뜩이는 아이디어 천재적 발상 유레카 아하! 스파크 혼자만의 사색	오랜 생각의 숙성 생각의 노동 경험 르네상스 질문 소통과 연결

창의성에 대한 또 다른 오해는 '창의적인 발상을 하는 사람이 따로 존재한다'는 가정이다. 실제로는 그렇지 않다.

창의성이란 무엇인가? 스티브 잡스는 "창의력이란 연결하는 능력이다"라고 말했다. '서로 연관이 없어 보이는 것을 연결해 새로운 것을 만들거나 전혀 다른 분야의 생각들을 연결해 새로운 아이디어를 만드는 것'을 창의성의 핵심이라고 그는 지적했다.

어떤 사람은 "창의성이란 쉽게 '모방'이라고 생각해도 좋다"라고 말한다. 세상에 없는 전혀 새로운 것을 창조한다는 생각보다는 다른 사람들의 아이디어에서 시작해 그것을 약간씩 변형시키고 발전시키며 새로운 생각을 만드는 것이 창의성을 발휘하는 가장 현명한 방법이라는 것이다. 창의성에 관한 사람들의 이야기를 몇 가지 정리해보자.

- 창의성이란 낯선 것에 대한 즐거움이다. – 어니 젤린스키(캐나다 컨설턴트, 《느리게 사는 즐거움》 저자)
- 창의성이란 자신을 믿는 것이다. – 웨인 D. 드와이어 박사
- 위대한 아이디어에는 날개뿐만 아니라 착륙장치도 필요하다. – C. D. 잭슨
- 한 나라의 진정한 부의 원천은 그 나라 국민의 창의적 상상력에 있다. – 애덤 스미스, 《국부론》
- 독창성은 현명한 모방에 지나지 않는다. – 볼테르
- 한 사람의 작가에게서 아이디어를 훔치면 표절이 되지만, 많은 저자에게서 아이디어를 훔치면 연구가 된다. – 윌슨 미즈너(시나리오 작가)
- 사람들은 존재하는 것들을 보고 "왜?"냐고 묻지만, 나는 결코 없었던 것을 꿈꾸며 "안 될 게 뭐야?"라고 묻는다. – 조지 버나드 쇼

사람들은 천재의 이야기를 좋아하고, '유레카(Eureka, 알아냈다)' 같은 극적인 상황에 매료된다.

하지만 실제로는 그렇지 않다. 천재의 '유레카'는 존재하지 않는다. 생각의 노동을 오래한, 즉 사람의 생각이 숙성되며 어느 순간 발현된

다는 것이 창의성에 대한 가장 현실적인 정의이다. 김치가 숙성되고 발효되며 제 맛을 만들어가는 것처럼 우리의 생각도 숙성의 시간이 필요하다. 음식이 숙성되는 과정에서 독특한 재료가 더해지면 독특한 맛을 내는 것처럼 우리의 생각도 새롭고 독특한 아이디어를 위해서는 다양한 생각의 경험이 필요하다.

창의성은 독특한 능력을 가진 사람만이 발휘할 수 있다는 생각은 우리의 창의성을 가로막는 가장 큰 장벽이다. 그래서 '천재는 없다. 하지만 경험이 남다른 사람은 있을 수 있다'고 생각하는 것이 창의성에 관한 가장 현실적이고 현명한 생각이다.

창의성을 높이기 위해 개인은 자신의 경험을 넓히는 것이 중요하다. 경험을 넓히는 가장 좋은 방법은 다른 사람과 이야기하는 것이다. 조직에서는 창의적인 조직문화를 위해 다양성을 높이고 르네상스 시대처럼 다양한 사람들이 교류하고 협력할 수 있게 해야 한다.

영국에서 10년을 살아도 남과 이야기하지 않으면 영국 문화도 모르고 다양성도 없다. 사소한 대화와 소통이 나의 다양성을 높인다. 특히 나와 다른 경험을 가진 사람들과 소통하는 것이 필요하다. 다양한 사람들과 이야기하고 경험을 교류하며 자신의 다양성을 높여보자. 이러한 다양한 생각의 경험이 창의력을 발휘하는 '생각의 소스'가 되는 것이다.

뉴턴을 생각해보자. 그는 물체의 운동 역학에 대한 연구도 많이 했고, 미적분을 고안하며 분석적으로 계산했다. 하지만 그가 과학에 기여할 수 있었던 것은 '사과가 나무에서 떨어지는 것은 지구가 그 사과를 잡아당겼기 때문이다'라는 동화적인 상상력을 발휘했기 때문이다.

뉴턴은 "지구가 사과를 잡아당겼다"는 표현을 쓰며 '중력'이라는 개념을 만들었다. '지구가 사과를 잡아당겼다'는 것은 전혀 과학적인 것처럼 보이지 않는다. 동화에나 나올 법한 표현이다. 그런데 그런 동화적 상상력이 '중력'이라는 개념이 되고, 많은 연구와 미적분 같은 새로운 계산법을 통해 만유인력의 법칙이라는 지식이 된 것이다.

과학은 분석, 논리, 계산과 같은 것으로만 되어 있을 것 같다. 하지만 과학은 동화와 같은 상상력에서 출발해 만들어진 것이다.

 ## 다른 생각을 선택하라

창의성이란 기본적으로 남과 다른 것을 하라는 것이다. 100명이 모두 같은 방향으로만 뛰면 1등은 1명만 나온다. 하지만 100명이 모두 다른 방향으로 뛰면 100명이 모두 1등을 할 수 있다. 그래서 남과 다른 선택을 하고 남과 다른 것을 하는 것이 더 쉽게 1등을 하는 방법이라고 충고한다.

그러나 사람들은 남과 다른 것을 선택하지 못하고 같은 것만을 선택해 치열하게 경쟁을 한다. 왜 그럴까? 그 이유는 남과 다른 것을 선택하는 순간 두려움을 느끼기 때문이다. '이쪽 길이 아닌 거 같은데'라는 생각이 들어도 남들이 모두 그쪽으로 가면 그 길을 따라가는 것이 우리의 모습이다. 남들과 다른 곳으로 가는 것, 그 자체가 두렵게 느껴진다. 남과 다른 것을 선택하기 위해서는 배짱을 갖고 두려움을 극복해야 한다. 그래야 남들과 다른 것을 할 수 있다.

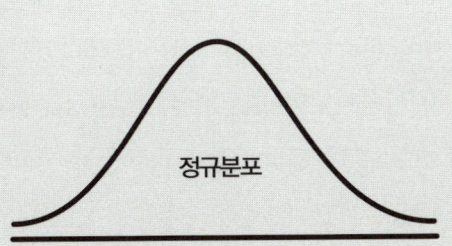

사람들의 삶은 정규분포를 그린다.
키, 몸무게, 소득이나 재산도 정규분포를 그린다.
사람들의 생각도 정규분포를 그린다.
사람들은 대부분 비슷한 생각을 한다.
정규분포의 중앙이 아닌 양쪽 끝의 생각에 주목하라.
창의적이고 혁신적인 생각은 분명 거기에 있다.

 사람들이 일반적으로 잘못 생각하는 것 중 하나는 더 많은 사람들이 경쟁하는 곳에서 치열하게 경쟁해 승리했을 때 더 많은 보상이 있을 것이라는 생각이다. 하지만 이것은 우리의 고정관념일 뿐이다. 많은 사람들이 몰려서 경쟁하는 곳에서는 경쟁에서 승리하기도 어렵고, 또 경쟁에서 이겨봐야 얻는 게 별것 없는 경우가 대부분이다. 이런 질문을 해보자.

 (Q) 로또에서 '1, 2, 3, 4, 5, 6' 이렇게 6개의 숫자를 선택한다면 1등에 당첨될 확률이 더 높을까? 낮을까? 같을까?

확률에 대한 지식이 있는 사람이라면 45개의 숫자 중 6개를 고르는 로또에서는 어떤 숫자 6개를 골라도 확률이 모두 같다는 것을 알고 있을 것이다. 즉, '1, 2, 3, 4, 5, 6'을 선택하는 것이나 임의로 어떤 숫자 6개를 선택하는 것이나 1등에 당첨될 확률은 모두 같다. 그러나 '1, 2, 3, 4, 5, 6'을 선택하는 것은 최악의 선택이다. 매주 '1, 2, 3, 4, 5, 6'을 선택하는 사람이 9,000명 이상이라고 한다. 예상외로 사람들이 가장 많이 선택하는 숫자 조합인 것이다. 로또는 1등 당첨금을 1등을 한 사람들이 나누어 갖는다. 만약 '1, 2, 3, 4, 5, 6'을 선택해 1등에 당첨되어도 9,000명 이상의 사람들과 1등 상금을 나눠야 하므로, 계산해보면 1등 당첨금으로 겨우 140~150만원 정도 받게 된다.

우리는 새로움으로 창의적인 결과를 만들어가야 한다는 것을 알고 있다. 하지만 현실에서는 새로움보다는 기존의 생각, 지금까지의 관행을 따르려고 한다. 왜냐하면 그것이 더 안전할 것이라고 생각하기 때문이다. 하지만 똑같이 안정을 추구하는 사람들과 치열하게 경쟁하다가는 안정도 빼앗길 수 있다는 것을 알아야 한다. 또한 안정을 추구하기 위해 도전을 포기한다면 새로움이 주는 즐거움을 얻지 못할 것이다.

두려워서 남과 같은 것만을 선택하고 남과 같은 방법으로만 하며 안정을 보장받으려고 하는 것은 오히려 안정을 해치는 역설적인 결과를 가져올 뿐이다. 안정을 보장받으려는 생각이 안정을 위협하는 가장 큰 위험인 것이다. 도전이란 두려움을 극복하고 새로움으로 나아가는 것이다. 그렇게 새로움으로 나아가는 도전이 바로 창의성을 발휘하는 기본 조건인 것이다.

"안정을 위해 기회를 포기한다면 결국 둘 다 얻지 못할 것이다."

창의성의 핵심은 자신의 답을 만드는 것이다

자신의 지식을 이용해 단순하게 계산하며 짜인 틀 안에서 생각하는 방법은 중간 프로세스를 진행할 수는 있지만 새로운 것을 시작하지는 못한다. 앞에서 창의성을 발휘하고 혁신이 일어나기 위해서는 지식이나 사실관계의 확인만이 아닌 동화적인 상상력이 필요하다고 했다. 상상력은 엉뚱한 생각만을 의미하는 것이 아니다. 사실에 대해 내가 갖는 주관적인 생각이 어쩌면 상상력이다. 객관적인 사실보다 주관적인 생각이 더 중요하다. 사람들은 같은 것을 보면서도 모두 다른 생각을 하기 때문이다.

생텍쥐페리Saint Exupery의 소설 《어린왕자》에 나오는 코끼리를 삼킨 보아뱀이다. 사람들은 누구나 자신에게 익숙한 방법으로만 보기 때문에 이 그림을 모자 정도로만 본다. 코끼리를 삼킬 만큼 큰 뱀이 있다는 것을 모르는 사람들은 이 그림이 뱀을 그린 것이라고는 상상하지 못할 것이다.

그렇다면 상상력, 창의력은 어떻게 발휘할 수 있을까?

우선, 창의성에 대해 자신의 생각을 정리해보자. 생각을 정리하는 좋은 방법 중 하나는 핵심이 되는 것 하나를 찾아보는 것이다. 하나의 중요한 핵심을 찾는 것은 생각을 정리하는 방법이면서, 그것을 실행에 옮길 수 있게 하는 매우 좋은 생각의 기술이다. 그런 의미에서 창의성의 핵심을 찾아보자. 처음부터 하나를 찾기 어렵다면 먼저 몇 가지를 써보고 그 중 좀더 중요한 것을 고르는 방식으로 하나를 찾아도 좋겠다. 다음 질문에 자신의 생각을 써보자.

창의성의 핵심은 ☐ 이다

이 질문에는 다양한 답이 나올 것이다. 사람들이 많이 쓰는 단어는 이런 것들이다. 다양성, 르네상스, 연결, 상상하기, 역발상, 모방, 생각의 노동, 생각의 숙성, 창조적 자신감, 소통, 공감 등등이 그것이다.

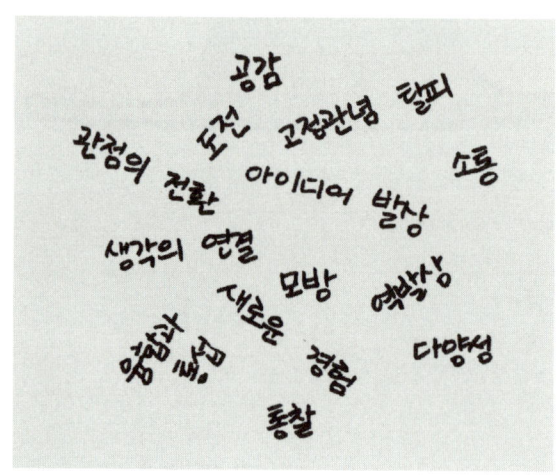

이런 많은 요소들 중 무엇보다 중요한 창의성의 핵심은 '자신의 답을 만드는 것'이다.

창의성은 어떻게 발현되는가? 사람들은 생각을 더하고 빼고 하는 발상 기법에서 창의성이나 아이디어가 만들어진다고 생각한다. 물론 그런 방법도 도움이 될 것이다. 하지만 그것이 창의성의 핵심은 아니다. 아이디어 발상 기법을 익혔다고 모두 아이디어를 '뻥뻥' 만들어낸다면 창의성에 대해 고민하지도 않을 것이다. 창의성의 핵심은 기술적인 것에 있지 않다. 마음가짐에 있다. 특히 다른 사람이 정해놓은 것만 따라가고 남의 눈치만 보는 마인드로는 아무리 좋은 아이디어 발상 기법을 익혔다고 해도 말짱 '꽝'이다.

눈에 보이는 것보다 보이지 않는 것이 더 중요하다. 빙산의 보이는 부분보다 바닷속에 숨은 보이지 않는 부분이 더 큰 것처럼, 눈에 보이지 않는 창의적인 마인드가 창의성을 만든다. 창의적 마인드의 핵심은 '정답이 아닌 자신의 답을 만드는 것'이다.

창의성의 핵심은 정답이 아닌 자신의 답을 만드는 것 **이다**

창의성은
정답에서 나오지 않는다

 정답을 찾는 습관이 창의성을 죽인다

사람들이 알고 싶어하는 정답에 대해 생각해보자. 정답이란 무엇일까? 우리가 생각하는 정답이란 다른 사람들의 생각일 뿐이다. 정답이란 기존에 형성되어 있는 고정관념이다. 사람들이 일반적으로 생각하는 고만고만한 생각이 정답인 것이다. 정답이란 어제까지의 상황에서 만들어진 것이기 때문에 오늘의 상황에 잘 맞지 않을 가능성이 높다. 또 나의 특수한 상황을 고려해 만들어진 것이 아니기 때문에 나의 문제를 해결하기는 어려운 경우가 대부분이다.

- 다른 사람들의 생각
- 기존의 생각
- 어제까지의 상황에서 만들어진 생각
- 자신의 상황을 반영하지 않은 생각

그런데도 사람들은 정답을 찾는다. 남이 만들어놓은 정답을 따르려고만 한다. 그것이 더 손쉽게 문제를 해결하고, 더 안전한 방법이라고 생각하기 때문이다. 실제로는 그렇지 않다. 다른 사람들과 비슷하게 생각하고, 같은 방법으로 행동하는 것이 더 안전하다고 생각하는 것이 바로 대표적인 고정관념이다.

사실 '창의성이란 남과 다른 것을 하라'는 것이다. 앞에서 지적했듯이 안정을 보장받으려고 남과 같은 방법으로 하는 것은 오히려 안정을 해치는 역설적인 결과를 가져올 뿐이다. 또 정답을 따라가려고만 하는 사람은 자신의 문제를 자신이 해결하지 않고 다른 사람에게 의지해 해결하려는 마음을 갖는 것이다. 자신의 생각을 믿지 못하기 때문에 남들이 만들어놓은 정답에 의지하는 것이다. 정답이 아닌 자신의 답을 만들기 위해서는 먼저 자신을 믿고 자신감과 철학을 갖는 것이 필요하다.

이런 경우를 생각해보자. 코를 심하게 골아서 주변 사람들에게 피해를 주는 사람들이 많다. 사람들이 코를 고는 이유는 수면 중 코로 숨을 제대로 쉬지 못하거나 입으로 호흡할 경우 좁은 기도로 공기가 통과하게 되면서 일종의 떨림음이 발생하기 때문이다. 코골이 문제를 개선하는 방법은 가급적 옆으로 자는 방법이 있다. 이외에 기도에 공기를 주입해 기도를 확장해주는 양압기 사용, 기도를 확장하는 수술 등이 있다. 이는 코골이의 근본 원인을 아는 전문가들이 추천하는 방법이다. 모두 기도를 확장하는 데 초점이 맞춰져 있다.

　정답을 찾는 사람이라면 코골이 수술 외에는 다른 접근을 하지 못할 것이다. 그런데 이런 코골이 문제에 전혀 새로운 방식으로 접근해서 탄생한 아이디어 상품이 있다. 바로 '사일런트 파트너Silent Partner'이다.

코골이 소음만 제거하는 기기 사일런트 파트너

　사일런트 파트너의 원리는 '노이즈 캔슬링noise canceling'이라는 기술을 적용하는 것이다. 쉽게 말해 코고는 소리의 진폭과 주파수를 감지해 그 반대 소리를 내어 소리를 소멸시켜 버리는 것이다. 이 획기적인 아이디어는 소셜미디어에서 자금을 모으는 크라우드펀딩crowd funding 사이트에서 많은 주목을 끌며 인기를 얻었다. 코고는 사람을 치료한다는 일반적인 정답으로 접근한다면 사일런트 파트너 같은 아이디어 상품은 나올 수 없다. 다른 사람들이 이야기하는 정답에 빠지지 말고 새로운 답을 만들어야 하는 이유이다.

일상생활에서 우리가 만나는 문제들은 사실 정답이 없는 문제들이다. 정답이라고 생각하는 것을 다시 한 번 생각해보면 그것은 그냥 인기 있는 누군가의 의견일 뿐이다. 선생님이 점수를 주는 학교 시험의 정답과는 전혀 다른 것이다. 정답이 없는 문제의 정답을 찾으려는 것이 어쩌면 처음부터 잘못된 출발인 것이다.

"우리가 듣는 모든 것은 사실이 아니라, 누군가의 의견일 뿐이다. 우리가 보는 모든 것은 진실이 아니라, 우리의 시각일 뿐이다."
– 마르쿠스 아우렐리우스 Marcus Aurelius

불확실하고 애매모호한 현실에서 사람들은 자신들의 문제에 정답이 없다는 것을 이미 알고 있다. 그럼에도 남들이 만들어놓은 정답을 찾는다. 왜냐하면 배짱이 없기 때문이다. 자신을 믿지 못하기 때문이다. 자신을 믿는 용기와 자신감이 부족하기 때문에 다른 사람이 만들어놓은 정답이 맞다고 생각하는 것이다. 정답이 없는 문제이기 때문에 어떤 것이든 정답이 될 수도 있고, 오답이 될 수도 있다. 정답이 정해진 것이 아니기 때문에 다수결이 정답도 아니고 권위가 정답도 아니다.

남들이 이야기하는 정답이 확실한 '진짜 답'이라는 보장도 없다. 하지만 우리는 남들이 만들어놓은 답이 더 안전할 것이라고 믿는다. 그것이 더 확실하다고 생각한다. 자신을 믿는 용기와 배짱이 없기 때문에 남에게 의지하는 것이다. 남에게 의지하는 생각으로는 절대 창의성도 혁신도 성공도 이룰 수 없다.

정답이 아닌 자신의 답을 만들어라

　차별화를 하는 가장 좋은 방법은 자신만의 모습을 갖는 것이다. 사람은 사람마다 지문이 모두 다른 것처럼 각기 고유한 성향과 특징을 갖고 있다. 그런 자신의 모습을 드러내고 표현하는 것에서 출발해 자신의 답을 만드는 것이 차별화되고 독특한 창의적인 생산물을 만드는 가장 좋은 방법이다. 하지만 우리는 자신의 모습을 잃어버리고 살아간다. 자신의 생각을 말하기보다는 다른 사람의 이야기를 듣는다. 유능하고 인정받는 사람일수록 자신이 좋아하고 관심 있는 것을 경험하기보다는 다른 사람들이 지시하거나 기대하는대로 하면서 살아가게 된다.

　우리나라의 학교라는 시스템을 보면 자신의 답을 만들기보다는 다른 사람이 정해 놓은 정답만을 학습한다. 사회적인 시스템 역시 자신의 답보다는 기존의 답 또는 다른 사람이 만든 답을 받아들이도록 강요한다. 그러는 사이에 자신의 답을 만들기보다는 다른 사람이 만들어 놓은 정답에 익숙해져서 살아가게 된다. 하지만 다른 사람이 만들어놓은 정답에만 의지하면 창의력은 발휘되기 어렵다. 창의력을 발휘하는 유일한 길은 자신의 답을 만드는 것이다.

| 정답이 아닌 자신의 답을 만들어라 | 자신의 답을 정답으로 만들어라 |

혁신적이고 창의적인 성과를 올린 사람들을 보면 모두 정답이 아닌 자신의 답을 만든 사람들이었음을 알 수 있다. 예술가들을 보자. 그들은 항상 새로운 방법으로 그림을 그린다. 기존에 정답처럼 받아들여지는 방법으로 그림을 그리는 것으로는 사람들의 시선을 끌 수 없다. 그래서 예술가들은 자신만의 방법을 끊임없이 고민한다. 자신만의 방법을 찾으려고 하는 예술가들의 노력은 많은 사람들에게 영감을 준다.

20세기 문화를 대표하는 아이콘으로 큰 영향을 끼친 화가 잭슨 폴락Jackson Pollock을 살펴보자. 다음은 영화 〈폴락〉의 한 장면이다.

잭슨 폴락은 그림을 그리는 것이 아니라 물감을 뿌리는 방식으로 작품을 만들었다. 그는 붓에 물감을 묻혀 뿌리거나 또는 페인트 통에 구멍을 뚫어서 물감을 흘리는 방식으로 작업을 했다. 기존의 방식이 아닌 전혀 새로운 자신만의 방식으로 작품을 만들었던 것이다. 그의 작품은 자유를 추구하는 사회적인 분위기와 일반적인 추상에 지루해 하던 예술계에 신선한 충격을 주었다. 그림에 대한 정답이 아닌 자신만의 답을 찾은 그의 작품들은 엄청난 가격에 거래가 되고 있다.

비즈니스 사례를 살펴보자. 아래 보이는 것은 아디리Adiri라는 회사의 젖병이다. 우리가 일반적으로 많이 경험한 젖병은 오른쪽과 같은 모양이다. 아디리는 일반적인 젖병이 '엄마를 위한 제품'이라면 자신들은 '아기를 위한 젖병'을 만든다는 자신들만의 답을 만들었다. 디자인부터 아이가 진짜 엄마 젖과 비슷하게 느낄 수 있는 젖병으로 디자인되어 있다.

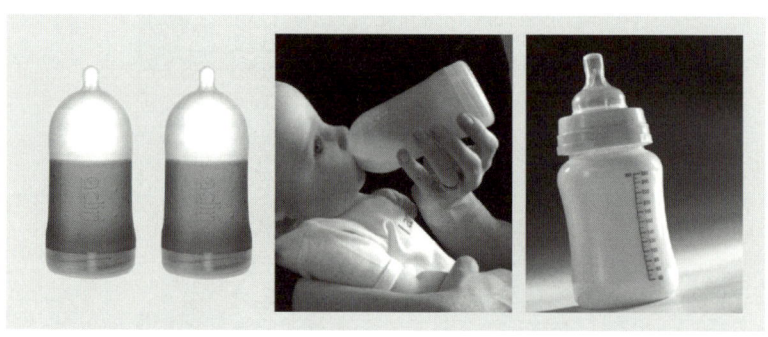

엄마를 위한 디자인을 한다면 표면을 플라스틱 같은 것으로 처리해 가격을 낮춰 엄마들이 좋아하게 만들 것이다. 그러나 아기를 위한 디자인을 한다면 표면에 특수한 처리를 해서 가격이 올라가더라도 아기가 만졌을 때 진짜 엄마 젖을 만지는 듯한 느낌을 주는 것이 필요하다. 이것이 바로 아기를 위한 디자인이다.

엄마를 위한 디자인을 한다면 아기가 울기 시작하면 쉽게 젖병의 뚜껑을 열어서 아기에게 우유를 줄 수 있게 만들 것이다. 하지만 아기를 위한 디자인을 한다면 밑동을 열어서 우유를 타야 하는 불편함이 있어도 우유가 일정한 온도를 오래 유지해 아기가 우유를 먹다가 우유가 식어서 배탈이 나거나 설사를 하지 않게 할 것이다.

아디리의 젖병은 확실하게 아기를 위해 디자인된 제품이다. 다른 회사들이 모두 엄마를 기준으로 젖병을 디자인하고 있을 때 아기를 위한 디자인이라는 자신만의 답을 찾는 것이 새로운 것을 만든 방법이다.

창의력을 발휘하고 혁신적인 성과를 올리는 사람들을 보면 자신이 답을 만들고 자신의 답을 어떻게 해서든 정답으로 만들었음을 알 수 있다. 불확실하고 애매모호한 현실에서 정답이 없는 문제에 대해 남이 만든 답보다는 자신이 만든 답을 더 믿는 것이다.

우리가 풀어가야 할 일들은 아무도 가보지 않은 곳으로 가는 여행과도 같은 것이다. 아무도 가지 않은 길을 안내하는 지도는 없다. 아무도 가본 적이 없는 곳을 여행하며 그곳의 지도를 찾는 것은 바보 같은 생각인 것이다. 정답이 없는 문제에 남이 만들어놓은 정답을 찾고 의지하기보다는 자신이 답을 만들고 자신의 답을 정답으로 만들어가는 자신감과 노력이 필요하다.

> **전인미답**
> **前人未踏**
>
> 전인미답前人未踏 : 이전 사람이 아직 아무도 발을 디디지 않았다는 뜻. 우리의 일도 우리의 인생도 이전에 아무도 가보지 못한 곳을 여행하는 것에 비유한다. 그런 여행지를 가면서 그곳의 지도를 찾는 것은 어리석은 짓이다.

창의성을 끌어내는
유대인의 공부법

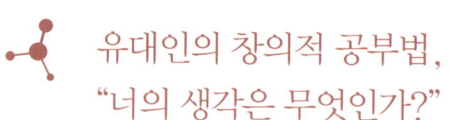 유대인의 창의적 공부법,
"너의 생각은 무엇인가?"

전 세계 여러 민족 중 가장 많은 이야깃거리를 제공하는 사람들은 유대인이다. 유대인은 돈이 많기로 유명하고, 노벨상을 가장 많이 받은 것으로도 유명하다. 매년 미국에서 발표하는 백만장자 리스트의 40% 이상이 유대인이고, 노벨상의 20% 이상을 유대인들이 받고 있다. 이것은 인구 비율을 생각하면 엄청난 숫자다. 유대인들의 힘은 어디에서 오는 것일까? 사람들은 유대인들의 독특한 공부법을 주목한다. 답을 찾기보다는 질문을 중요하게 생각하고, 외우고 이해하는 것이 아니라 대화하고 이야기하는 것을 공부로 생각하는 유대인들의 공부법을 살펴보자.

우리는 학교에서 정답을 배운다. 정답을 배우는 것이 일반적인 교육방식이다. 하지만 유대인들의 교육을 보면 '정답이 아닌 자신의 답을 만드는 것'을 공부라고 생각하는 것을 볼 수 있다. 유대인들은 자신들의 거주지역에 '예시바'라는 도서관을 만든다. 우리가 일상적으로 생각하는 도서관은 모두 조용히 앉아서 각자의 책을 열심히 읽는 곳이다. 그런데 유대인들의 도서관은 좌석 배치가 2명 이상이 같이 이야기하는 구조로 앉게 되어 있다. 그들은 도서관에서 시끄럽게 서로 떠들면서 자신의 생각을 이야기한다. 이야기하는 것이 그들의 공부방식이다.

일반 도서관과 예시바 도서관 비교(도서관 사진 출처 : 구글 검색, 예시바 출처 : 시흥산업진흥원 블로그)

유대인들은 공부에 대한 생각이 다른 민족과는 다르다고 한다. 유대인들이 생각하는 공부에서 제일 중요한 것은 '자신의 생각을 갖는 것'이다. 책을 읽고 누군가의 강의를 듣는다면 그것은 자신의 생각을 만들기 위한 것이지, 책의 내용이나 선생님의 말씀을 그대로 받아들이려고 하는 것이 아니라는 것이다. 유대인들은 먼저 자신의 생각을 갖는 것이 가장 중요하다고 여긴다. 또 하나 중요하게 여기는 것은 자신의 생각을 성공적으로 잘 표현하는 것이다.

자신의 생각을 잘 표현하는 것은 매우 중요한 공부다. 자신의 생각을 잘 표현하지 못하는 것은 자신의 생각이 완전하게 잘 성숙되지 못했다는 것을 의미한다. 자신의 생각을 표현하면서 자신의 미숙했던 생각이 완성도가 높아지고 잘 구조화되기도 한다. 그렇게 자신의 생각을 갖고 그것을 잘 표현하며 다른 사람들과 대화와 토론을 하며 자신의 생각을 더 발전적으로 만들어가는 것이 공부의 중요한 과정이다. 한 마디로 공부의 목적은 세상에 존재하는 정답을 배우는 것이 아니라 나 자신의 답을 만드는 과정인 것이다.

1. 자신의 생각을 갖는다.
2. 성공적으로 잘 표현한다.
3. 다른 사람들과 교류하며 내 생각을 더 발전시킨다.

유대인들이 정답이 아닌 자신의 생각을 갖는 것이 중요하다고 생각하는 이유는 그들의 종교에 이유가 있는 듯하다. 유대인들은 개인이 사회의 기계부속품 같은 존재가 아니라 신과 직접적으로 연결된 존재라는 신앙을 갖고 있다. 개개인 각자의 생각이 가장 중요하다는 믿음도 갖고 있다.

어린아이에게도 '이렇다. 이렇게 해야 한다'라고 직접적으로 가르치기보다는 "너의 생각은 무엇이니?"라는 질문을 가장 많이 한다고 한다. 직접적으로 가르치기보다는 스스로 깨달아 알게 하는 것이 중요하다고 생각하는 것이다. 예를 들어 학생이 '무거운 물건과 가벼운 물건을 동시에 떨어뜨리면 무거운 물건이 먼저 떨어진다'라고 말해도, "아니야, 갈릴레이 물체의 낙하법칙에 따르면 공기 저항이 없을 경우 무거운 물건과 가벼운 물건은 동시에 떨어진다"라고 직접적으로 설명하지 않는다는 것이다.

유대인들은 먼 길을 돌아가더라도 스스로 그것을 깨우칠 수 있도록 하는 것이 교육이라고 생각한다. 그래서 학교 교실에서 선생님이 학생들에게 가장 많이 하는 말이 '마따호쉐프'이다. 우리말로 "너의 생각은 무엇이니?"라는 질문이라고 한다. 정답을 배우는 것이 아니라, 자신의 생각을 올바르게 만들어가는 것이 중요하다고 생각하는 것이다.

사진 출처 : KBS 「공부하는 인간 – 호모아카데미쿠스」

 어떻게 하면 창의적인 사람이 될 수 있을까?

우리가 공부하는 것과 유대인의 공부법을 비교해보자. 많은 것을 외우고, 수학문제를 잘 푸는 것, 우리가 학교에서 좋은 성적을 올리는 방법이다. 이렇게 보면 유대인처럼 서로 자신들의 생각을 주고받으며 대화와 토론을 통해 공부하는 것은 우리의 입시에는 맞지 않는 공부법이다. 그래서 대화와 토론의 공부법이 시간 낭비가 큰 것 같지만 사실 그렇지 않다.

공부를 하는 방법 중 자신의 이해력을 가장 높이고 오랫동안 기억할 수 있는 공부방법이 '다른 사람에게 설명을 하는 것'이다. 다른 사람에게 설명을 하며 공부하면 자신이 아는 것과 모르는 것을 명확하게 구별할 수 있어 효과적인 공부가 된다. 또 설명을 하면서 자신의 생각이 더 잘 정리되고, 제대로 알지 못하면서도 자신이 모른다는 것조차 잘 모르고 지나치는 것들을 알게 된다. 학습 효율성을 나타내는 러닝 피라미드Learning Pyramid를 살펴보자.

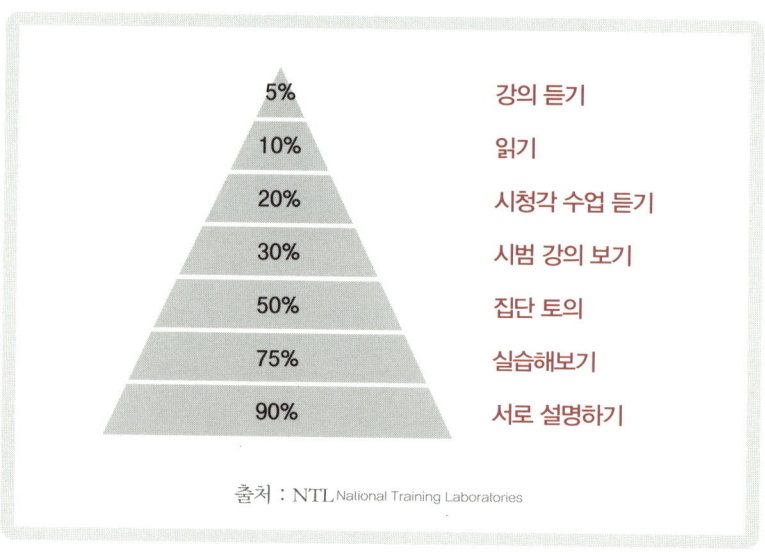

출처 : NTL National Training Laboratories

러닝 피라미드의 결과를 살펴보면 보고 듣는 것으로는 10%밖에 기억하지 못한다는 것을 알 수 있다. 강사가 시청각 자료를 이용해 강의를 하는 것은 기억을 20~30%까지 끌어올리기 위해서다. 다른 사람과 토의를 하며 공부를 하면 50%까지 기억하게 되고, 실습을 하면 70%까지 기억을 끌어올릴 수 있다. 예를 들어 "영화관에서 불이 나면 일단 왼쪽 벽으로 붙어서 바닥에 앉았다가 종종걸음으로 앞문으로 나갑니다"라고 말하면 처음에는 잘 알겠다고 하지만 10% 정도밖에 기억에 남지 않는다는 것이다. 하지만 직접 왼쪽 벽에 붙어서 앉았다가 종종걸음으로 앞문으로 나가보는 실습을 해보면 70% 정도가 기억에 남는다고 한다. 그냥 듣는 것과 실습을 해보는 것은 배우는 데 큰 차이가 있다.

기억에 오래 남게 하는 방법은 다른 사람에게 설명을 하고 가르치는 것이라는 사실을 기억해보자. 자신이 설명하고 가르쳤던 것은 90%까지 기억에 남는다고 하니 설명하고 가르치는 것이 가장 좋은 공부방법인 것이다. 유대인의 공부방법으로 공부를 해보면 자신이 알고 있는 것 또는 자신이 생각하는 것을 말로 설명하게 되기 때문에 90%까지 기억에 남는 공부를 하게 되는 것이다.

다시 러닝 피라미드를 살펴보자. 러닝 피라미드에서 의미 있는 포인트는 다음과 같은 수동적이냐 아니면 참여적이냐는 구분이다.

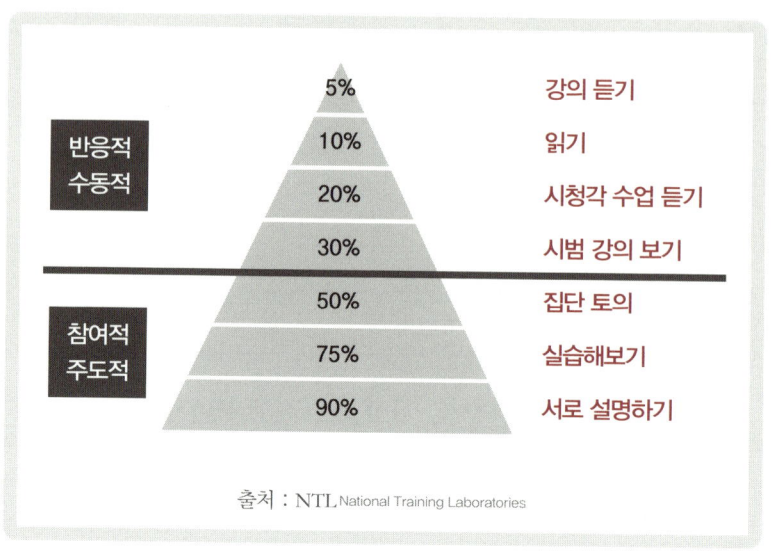

출처 : NTL National Training Laboratories

러닝 피라미드를 통해 우리는 수동적으로 보고 들으며 배우는 것보다는 능동적으로 참여하고 가르치는 경험을 하는 것이 더 좋은 공부방법이라는 것을 알 수 있다. 이것은 마음가짐의 문제가 아닌 형식의 문제다. 아무리 열정을 갖고 적극적인 마음으로 공부를 하더라도 그냥 열심히 듣기만 하는 것은 효과적인 공부가 아닌 것이다. 참여적으로 서로 설명하며 토의하는 공부가 필요하다는 것을 알 수 있다.

'수동적이고 반응적'이라는 단어와 '능동적이고 주도적'이라는 단어를 비교해 생각할 필요가 있다. 어떤 성과를 만드는 핵심 중 하나는 수동적이고 반응적으로 일하는 것에서 벗어나 능동적(참여적)이고 주도적으로 하는 것이다. 이것을 '질문과 답'이라는 키워드로 생각해보면 아무리 똑똑한 사람이라도 정답만을 찾는 사람은 수동적이고 반응적으로 일하는 사람이다.

반면 능동적이고 주도적인 사람이라면 질문을 하고, 그 질문을 통해 새로운 기회를 발견하게 된다. 그래서 답을 잘 찾는 능력을 아무리 잘 갖춰도 질문하기보다는 답만을 찾는다면 그 사람은 창의성을 발휘하기 어렵다. 정답이 없는 문제의 정답을 찾기보다는 자신의 답을 만들어가야 한다. 답을 찾기보다는 질문을 하는 과정이 중요하다.

 ## 창의력 때문에 고민하는 사람들을 위한 처방

개인의 창의력을 확장시키는 가장 강력한 방법 중 하나는 다른 사람과 이야기하는 것이다. 다른 사람과 소통하는 것이 창의성에 미치는 영향이 얼마나 큰지는 맥길대학교 심리학과 교수인 케빈 던바Kevin Dunbar의 실험에서 찾아볼 수 있다.

1990년대에 케빈 던바 교수는 분자생물학 실험실 4곳에 카메라를 설치하고 한 달 이상 과학자들의 모습을 녹화하고 관찰했다. 창의적인 아이디어가 어떻게 만들어지는지를 직접 관찰하기 위해서였다. 한마디로 '유레카'의 순간을 포착하고 싶었던 것이다. 하지만 사람들의 예상과 달리 사색을 통한 유레카는 없었다. 오히려 현미경을 볼 때가 아닌 회의 테이블에서 다른 사람들과 소통하고 이야기를 나누는 과정에서 대부분의 창의적인 아이디어가 만들어졌다. 반복해서 말하면 이야기하는 소통 능력이 바로 창의력인 것이다.

우리가 갖고 있는 천재에 대한 이미지부터 바꿔야 한다. 우리는 천재는 고독하다는 이미지를 갖고 있다. 천재 하면 혼자만의 시간을 갖고 사색하는 모습을 떠올린다. 물론 그런 사색의 시간을 가지며 깊이가 있는 생각을 하는 것은 중요하다. 그런데 그런 모습과 함께 또 필요한 천재의 이미지는 다른 사람과 이야기하며 소통하는 것이다. 생각을 연결하는 것에서 창의적인 아이디어가 만들어진다면 기본적으로 다양한 사람들과 연결되어 있어야 여러 사람의 다양한 생각을 연결할 수 있는 것이다.

> 우리가 알고 있는 많은 창의적인 천재들은 사실 창의적인 팀의 대표였다. 전구를 발명한 에디슨, 전화기를 만든 벨, 윈도우를 개발한 빌 게이츠, 아이폰을 세상에 선보인 스티브 잡스도 모두 창의적인 팀의 대표였다. 고독한 천재는 예전에도 없었고 앞으로도 없을 것이다. 천재에 대한 이미지를 바꿔야 한다. 천재란 창의적인 팀을 만들고 효율적으로 이끌어가는 사람이다.

질문과 답, 정답을 찾기보다 먼저 질문을 던져라

정답을 배우는 것과 자신의 답을 찾는 것을 질문과 답이라는 키워드로 생각해보자. 정답을 배우는 것이 답에 집중하는 것이라면, 자신의 답을 찾는 것은 질문에 초점을 맞추는 것이다. 이미 존재하는 답보다는 질문에 초점을 맞출 때 새로운 생각, 틀에서 벗어나는 생각, 변화와 혁신을 이끄는 생각들을 할 수 있다. 창의성이 기존의 정답이 아닌 자신의 답을 찾을 때 발휘되는 것이라면 답을 찾는 것보다는 질문을 하는 것이 필요한 것이다.

우리의 모습을 돌아보면 우리는 분명 질문보다는 답에 익숙하다. 질문을 통해 자신의 답을 만들겠다는 생각보다는 기존의 정답에 더 의존한다. 창의적인 조직문화를 위해서는 수평적인 의사소통을 통해 서로의 의견을 주고받으며 협력하는 것이 중요하다는 것을 우리는 잘 알고 있다. 하지만 현실은 좀 다르다. 수평적인 의사소통보다는 수직적으로 움직이는 조직문화 속에 아직까지도 지시와 명령에 복종하는 '군대식' 문화가 많이 남아 있다.

2010년 11월 12일 G20회의가 우리나라에서 성공적으로 끝났다. 국제행사가 끝나고 외신기자들이 모인 자리에서 미국의 오바마 대통령은 G20의 개최국인 한국에 감사를 표하며 이렇게 말했다.

"한국 기자들에게 질문권을 주고 싶다."

오바마 G20 질문(사진 출처 : EBS 「다큐프라임」, '왜 우리는 대학에 가는가')

오바마 대통령은 한국 기자들에게 먼저 질문을 할 수 있는 기회를 줬지만 아무도 질문하지 않았다. 오바마 대통령이 센스를 발휘해서 "영어로 질문하지 않아도 된다. 통역해준다"고 여유 있게 말했다. 하지만 상황은 달라지지 않았다. 한국 기자들 중 누구도 질문하지 않았다. 결국 중국 기자가 손을 들고 "내가 아시아를 대표해서 질문하고 싶다"며 질문을 했다.

이 뉴스는 많은 사람들에게 충격을 줬다. 왜 한국의 기자들은 질문을 하지 않았을까? 그 자리에 모인 외신기자들은 서로 먼저 질문을 하고 싶어하는 사람들인데 왜 한국의 기자들은 기회를 줬는데도 질문을 하지 않았던 것일까? 안 한 걸까? 아니면 못한 걸까? 이 사건은 질문을 못하는 우리의 모습을 돌아보게 했다. 실제로 질문을 못하는 우리의 모습에 대한 다큐멘터리들도 몇 편 만들어졌다.

학교에서는 선생님이 일방적으로 설명하고 학생들은 듣기만 한다. 질문을 하거나 토론을 통해 의견을 주고받는 과정이 없다. 오히려 학교 수업시간에 질문을 하는 학생은 이상한 녀석이라는 취급을 받는다.

직장에서도 마찬가지다. 상사가 말하면 그냥 시키는대로 한다. 자신의 의견이나 다른 생각을 말하는 것은 상사에 대한 도전이고 위계질서를 무너뜨리는 행동으로 받아들여진다.

결론적으로 우리가 질문을 못하는 이유는 그렇게 교육받았고, 그렇게 살아왔고, 또 그렇게 살고 있기 때문이다. 수평적인 의사소통이 필요하다고 말하면서도 우리의 문화는 아직 수직적이다.

조직이나 사회의 문화는 알게 모르게 개인의 생각에 영향을 준다. 시키면 시키는 대로 하는 문화에만 파묻히면 공부를 할 때에도 의심이

나 질문을 하기보다는 주어진 것을 이해하고 암기하는 것에만 머물게 된다. 자신만의 새로운 이론을 만들기보다는 남들이 만들어놓은 틀 안에서 주어진 문제만을 해결하는 것에 집중하게 된다. 그렇게 남들이 만들어놓은 틀 안에서만 생각하고 연구하는 것으로는 새로운 방향을 제시하거나 세상을 바꿀 수 있는 큰 아이디어를 만드는 것이 처음부터 불가능하다.

전 세계 인구의 0.2% 정도 밖에 안 되는 유대인들이 노벨상의 20% 이상을 수상하는 것은 누구와도 격의 없이, 당돌하게 대화하고 토론하는 그들의 문화에 이유가 있다. 우리도 자신의 의견이나 생각을 자유롭게 표현하며 사소하게 이야기하고 소통하는 것이 필요하다. 우리의 상황에 맞게 현명하게 대화하려면 예의를 원하는 상대에게는 예의에 어긋나지 않는 형식을 갖춰서 자신의 생각을 표현하는 것도 필요하다. 겁부터 먹고 "괜히 찍히면 어떻게 하지" 같은 생각을 하며 주저해서는 안 된다. 배짱을 갖고 자신감 있게 사소한 이야기들을 해야 한다.

재미있는 사실은 다양한 사람들과 서로 다른 의견을 주장하며 이야기하고 토론하는 것이 배짱과 자신감을 만든다는 점이다. 배짱과 자신감이 있는 사람이 남과 다른 주장을 자신 있게 할 수 있다. 그런데 남과 다른 주장을 표현하다 보면 자신도 모르게 배짱과 자신감이 생기기도 한다. 그런 의미에서 유대인들의 공부법은 배짱을 키우는 좋은 방법인 것이다.

창의성에서 정말 중요한 요소는 바로 배짱과 도전정신, 자신감이다. 그렇다면 이렇게 중요한 자신감, 배짱, 도전정신을 어떻게 키울 것인가? 사소한 대화, 자신의 생각을 표현하는 경험, 나와 의견이 다른 사람에게 자신의 생각을 이야기하는 과정 등에서 배짱을 키울 수 있다.

사소하게 이야기하고 소통하며 자신의 생각을 표현해보자. 그렇게 창의성도 발휘하고 배짱도 만들어보자.

2강

상식을
의심하라

_ 생각의 공식 1

당신은 다양한 관점으로 생각하고 있는가?

 사람들은 보고 싶은 것만 보고, 듣고 싶은 것만 듣는다

사람들은 같은 것을 보면서 다른 생각을 한다. 옆의 그림은 사람들이 같은 것을 보면서 서로 다른 생각을 한다는 사실을 보여준다. 이 그림을 보면 성인들은 "너무 야해요"라고 말한다. 하지만 아이들은 "돌고래들이 예뻐요"라고 말한다.

남자와 여자가 그림 속 포즈를 취하는 것에 대한 직·간접적인 경험이 전혀 없는 아이들은 이 그림을 남녀의 포즈로 보지 못한다. 아이들의 입장에서는 남자와 여자가 저런 포즈를 취할 이유가 없기 때문에

⟨The message of dolphins⟩,
colored pencil drawing, 1987,
Sandro Del-Prete.

이 그림을 남녀의 포즈로 인식하지 못하는 것이다. 아이들은 그림 속의 돌고래만을 보게 된다. 하지만 남녀의 이런 포즈에 익숙한 성인들은 이 그림을 남녀의 행동으로 먼저 인식하게 된다. 노골적인 성적 묘사에 집착하며 그림을 보는 사람들은 돌고래가 있다고 해도 돌고래를 보지 못하기도 한다. 같은 것을 보면서도 자신의 경험에 따라 다른 것을 보게 되는 것이다.

세상은 객관적으로 존재하는 것이 아니라 내가 해석하는 방법으로 존재한다. 내가 과거에 경험했던 것이나 현재의 감정상태 등이 내가 바라보는 것을 해석하는 데 반영되는 것이다. 우리는 하나의 관점이 아닌 다양한 관점이 존재한다는 사실을 기억해야 한다.

하나의 사례를 더 살펴보자. 다음 그림을 보자. 이 그림이 남자의 얼굴로 보이는가? 아니면 여자의 몸으로 보이는가?

아래의 그림을 살펴보자. 왼쪽 위의 그림을 먼저 본 사람이라면 그는 앞의 그림을 남자로 보았을 것이다. 반면에 오른쪽 아래와 같은 그림에 익숙한 사람이라면 그는 위의 그림을 분명 여자로 보았을 것이다.

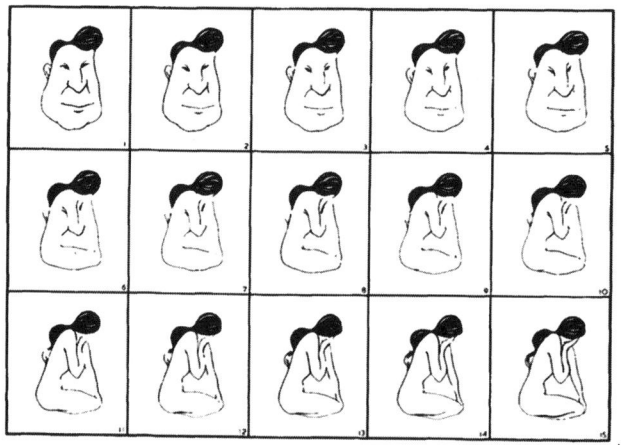

이 그림은 제럴드 피셔Gerald Fisher라는 과학자가 1960년대 쓴 논문에서 가져온 것이다. 피셔는 남자에서 여자로 만들어지는 이미지를 만들었다.

이렇게 사람들은 같은 것을 보면서 다른 생각을 한다. 우리는 다양한 시각이 존재한다는 것을 인정해야 한다. 그리고 자신만의 고정된 시각에서 벗어나 좀더 다양한 시각을 가지고 유연한 생각을 해야 한다. 자신의 생각만을 고집하거나 또는 자기중심적으로 생각하는 방식에서 벗어나야 하는 것이다.

 ## 다른 시각, 다양한 관점이 필요하다

다른 시각을 갖고 제품을 만들었던 BMW의 사례를 살펴보자. 자동차의 생명은 강력한 엔진이다. 자동차는 달리기 위해 태어났다Born to drive. 그러나 이러한 상식을 다른 관점에서 바라본 사람이 있다. BMW의 수석디자이너였던 크리스 뱅글Christopher Bangle이다. 어느 날 그는 이렇게 생각했다.

'자동차는 자기 인생의 20%만 달리고, 나머지 80%의 시간은 서서 보낸다. 따라서 달리는 것보다 더 중요한 것은 서 있을 때다. 달리지 않고 서 있을 때 멋진 모습을 보여줘야 한다.'

이것이 자동차에 관한 그의 관점의 전환이었다.

> "자동차는 달리기 위해 태어났다.
> 그러나
> 자기 인생의 20%만 달리고,
> 나머지 80%의 시간은 서서 보낸다."

BMW는 1916년 항공기 엔진을 만들면서 시작한 회사다. 제2차 세계대전으로 독일이 패망하고 비행기 같은 전쟁 무기로 사용될 수 있는 군수제품들을 만들지 못하게 되면서 이 회사는 자동차에 주력했다. 따라서 BMW는 강한 엔진, 튼튼한 차체 등에 강점이 있었고, 그것이 자랑이었다. 그러나 크리스 뱅글은 관점을 전환해 자동차의 디자인에 집중했다. 새로운 디자인을 바탕으로 그전에는 BMW가 넘을 수 없는 거대한 산과 같았던 벤츠Benz를 넘어 업계 1위가 된다. 1883년 K.벤츠가 설립한 벤츠는 자동차의 역사와 함께한 회사다. 성공한 사람이 타는 차라는 이미지를 갖고 업계에서 확고한 1위를 지키던 자동차 브랜드였다. 이에 도전하는 BMW는 새로운 디자인으로 무장하고 젊은 감각과 세련된 아름다움으로 구닥다리 같은 디자인의 벤츠를 제치고 업계의 1위로 올라섰다. 남들이 모두 강한 엔진, 달리기 위해 태어난 자동차를 보고 있을 때 관점을 전환해 서 있을 때 멋진 자동차를 디자인하자고 생각한 전략이 주요했던 것이다.

'자동차는 달리기 위해 태어났다. 자동차의 본능은 질주 본능이다.' 이것이 우리가 이야기하는 상식이고 고정관념이다. 이런 상식을 뒤집고 "자동차는 자기 인생의 20%만 달리고, 나머지 80%의 시간은 서 있다"는 관점의 전환이 새로운 전략과 기회를 만들었던 것이다.

관점이나 시각을 바꾸어 비즈니스에서 기회를 얻었던 사례는 시계 산업에서도 찾을 수 있다. 세계 최고의 시계는 스위스 시계다. 스위스 시계가 인기를 얻은 이유는 정밀하게 시간이 잘 맞기 때문이다. 초기 시계 산업은 정밀제품이 시장을 장악했다. 스위스 장인들의 정교한 손놀림으로 만들어진 스위스 시계는 시간이 잘 맞아서 사람들에게 인기가 높았다. 그들은 100년에 2초밖에 안 틀리는 시계를 만들어서 사람들에게 제공했다. 시계 산업을 바꾼 것은 일본의 전자시계였다. 1960년대 전자공학이 발전하기 시작하면서 일본 사람들은 시계 산업을 전자 산업으로 바라봤다. 시계는 전자제품이 되었다. 100년에 0.2초밖에 안 틀리는 시계를 그다지 비싸지 않은 가격에 살 수 있게 되었다. 값싼 전자시계가 대량으로 사람들에게 유통되면서 시계 산업은 포화상태에 이르렀다. 더 이상 시계를 만들어서는 돈을 벌 수 없을 것 같았다.

그런데 현재 세계에서 가장 많은 시계를 파는 회사는 스위스 시계 브랜드 스와치다. 스와치는 시계에 패션이라는 새로운 시각을 제시했다. 시계에 시간을 알려주는 기계로서의 가치보다 멋쟁이의 패션을 완성한다는 역할을 부여함으로써 한 사람에게 7~8개의 시계를 팔 수 있었다. 시계에 대한 관점을 패션제품으로 바꾸면서 스와치는 세계에서 시계를 가장 많이 파는 회사가 되었다.

시계에 대한 인식은 정밀제품에서 전자제품으로, 그리고 패션제품으로 바뀌었다. 이 과정에서 시계에 대한 관점을 바꾸고 새로운 인식을 한 회사는 시계 산업의 강자가 되었다. 현재는 애플과 삼성전자가 앞으로 세계에서 시계를 가장 많이 파는 회사가 되기 위해 경쟁하고 있다. 스마트 워치 시장을 놓고 새로운 시각을 만들기 위해 경쟁하고 있는데 고객에게 가장 어필하는, 새로운 시각을 제시하는 회사가 시계 산업을 장악할 것이다.

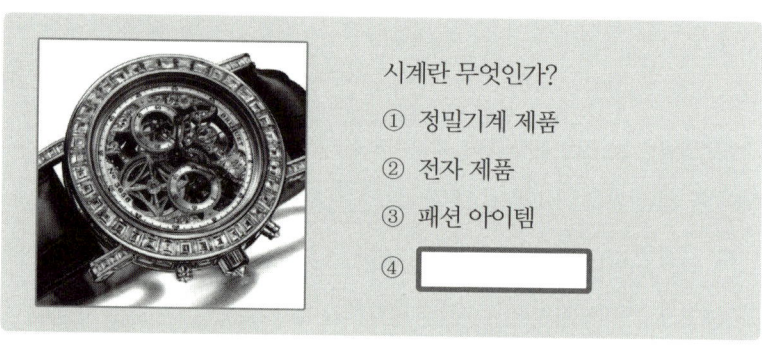

차별화하기 위해서는 남들과 다른 시각이 필요하다. 다른 시각이 비즈니스의 기회를 만드는 것이다. 삼성그룹의 이건희 회장은 사람들이 주로 생각하는 방식으로 생각하기보다는 자신만의 다른 시각으로 일을 해석하는 것으로 알려져 있다. 그는 '업의 본질'을 생각한다. 대표적인 사례가 신라호텔 경영진에게 던진 질문이다.

이건희 회장이 신라호텔의 경영진에게 "호텔 사업의 본질이 무엇이냐?"라고 물었다고 한다. 누구나 생각하듯 사람들은 '숙박업'이나 '서비스업' 등의 답을 내놓았다. 하지만 이건희 회장은 자신이 생각하는 호텔 사업의 본질은 '장치산업'과 '부동산업'이라고 말했다. 위치에 따라 사업의 성패가 갈리고 새로운 시설로 손님을 끌어와야 하는 것이 호텔 사업의 핵심이라고 지적한 것이다. 그의 지적에 따라 경영진은 장치산업이자 부동산업이라는 관점에서 호텔 발전 방향의 구체적인 전략을 만들었다고 한다.

이렇게 바라보는 시각을 바꾸면 그에 대한 전략이나 대응이 달라질 수밖에 없다. 결국 새로운 시각이 새로운 생각과 행동을 만드는 것이다.

무엇을 생각하든,
자기중심적일 수밖에 없는 이유

 자기중심적인 생각에서 벗어나자

어느 화창한 봄날 나이가 지긋한 신부가 마차를 타고 시골에 사는 한 신도의 집을 방문하기 위해 길을 나섰다. 신부는 2명의 수녀와 같이 마차에 탔다. 마차 가운데에는 신부가 앉고 왼쪽에는 나이가 60살이 넘은 나이 든 수녀가, 오른쪽에는 이제 갓 수녀가 된 20살의 예쁘고 젊은 수녀가 앉았다. 마차는 울퉁불퉁한 비포장도로 시골길을 달리며 심하게 움직이고 요동쳤다. 마차가 움직일 때마다 신부의 몸은 요동치며 오른쪽 왼쪽으로 심하게 부딪쳤다. 신부는 왼쪽의 나이 들고 못생긴 수녀에게 부딪칠 때 이렇게 기도했다.

"주여! 절 시험에 들지 말게 하옵소서!"

마차가 심하게 요동치며 오른쪽의 예쁘고 젊은 수녀와 몸이 부딪치자 신부는 이렇게 기도했다.

"주여! 모든 것을 당신의 뜻대로 하옵소서!"

이야기의 주인공인 신부처럼 우리는 모두 자신이 편한 대로 생각하며 살아간다. 사람들은 모두 자기중심적으로 생각하게 된다. 보이는 것을 보는 것이 아니라 보고 싶은 것만을 보며 사는 것이다.

사람들은 누구나 자신만의 시각으로 세상을 본다. 그리고 자신만의 논리와 분석으로 세상을 편집하면서 자신이 원하는 스토리를 만들어간다. 주관적 관점으로 역사를 이해하는 것이다. 그래서 세상은 객관적이지 않고 내가 해석하는 방식으로만 존재하고, 역사란 객관적인 사실이 아닌 우리의 주관적인 스토리인 것이다. 자신만의 방법으로 세상을 편집한다는 것에서 자유로운 사람은 아무도 없다. 차이가 있다면 편집을 하지 않으려고 노력하는 사람과 그렇지 않은 사람이 있다는 정도이다.

틀에 박힌 생각에서 벗어나지 못하는 대표적인 유형이 자기중심적인 사람이다. 보이는 것을 보는 것이 아니라 보고 싶은 것을 골라보는 사람들, 모든 것을 자기중심적으로 해석하고 골라서 편집하는 사람들, 그들은 '내가 하면 로맨스고 남이 하면 불륜이다'라는 식으로 생각하며 산다.

- 남이 하면 끼어들기고, 내가 하면 차선 변경이다.
- 남이 하면 아부고, 자신이 하면 인간관계다.
- 남이 하면 비열한 술수이고, 자신이 하면 융통성을 발휘한 것이다.
- 남의 딸이 남자친구가 많으면 행실이 가볍다고 비난하며, 자신의 딸이 남자친구가 많으면 인기가 좋아서 그렇다고 말한다.
- 자신이 상사에게 대든 것은 소신껏 자기주장을 펼친 것이라고 하고, 자신에게 부하직원이 대든 것은 싹수가 없기 때문이라고 한다.

우리가 기억해야 할 것은 세상의 모든 일은 내가 보고 싶은 대로 편집해 볼 수 있다는 점이다. 객관적인 사실 몇 가지를 무시하거나, 특정한 사건을 주관적으로 해석하기만 하면 우리는 어떠한 스토리도 만들 수 있다. 그 정도가 심하면 사회 부적응자가 되고 정신병자가 되는 것이다. 건강관리를 하는 것처럼 자신의 정신 건강도 관리해야 한다. 음식을 편식하지 않는 것처럼 다양한 관점을 갖고 다양한 생각을 해야 하는 것이다.

다음 그림에서 보이는 삼각형은 이탈리아의 심리학자 카니자 Gaetano Kanizsa 교수가 고안한 것으로 '카니자의 삼각형'이라고 부른다. 재미있는 것은 카니자의 삼각형에는 사실 삼각형이 없다. 없는 삼각형을 우리는 있다고 보는 것이다. 카니자 교수는 우리가 존재하지 않는 삼각형을 보는 이유는 우리의 뇌가 연속된 정보의 빈 공간을 자신이 익숙한 것으로 채워 넣고 있기 때문이라고 설명한다. 쉽게 말해서 우리는 삼각형을 보고 싶기 때문에 존재하지 않는 삼각형을 보고 있는 것이다.

 다른 관점에서 바라보려면

다양한 관점에서 바라보며 유연하게 생각한다는 것은 한 단계 위에서 아래를 조망하듯이 좀더 넓게 보는 것을 의미한다. 골목 안에서 골목을 보는 것이 아니라 2층 집 옥상에서 골목을 내려다보는 것이다. 한 단계 위에서 전체적인 것을 보면 다양한 생각과 아이디어가 만들어지고 전략도 생긴다. 부분을 볼 때와 전체를 볼 때 같은 것도 전혀 다르게 보이곤 한다. 다음을 보자.

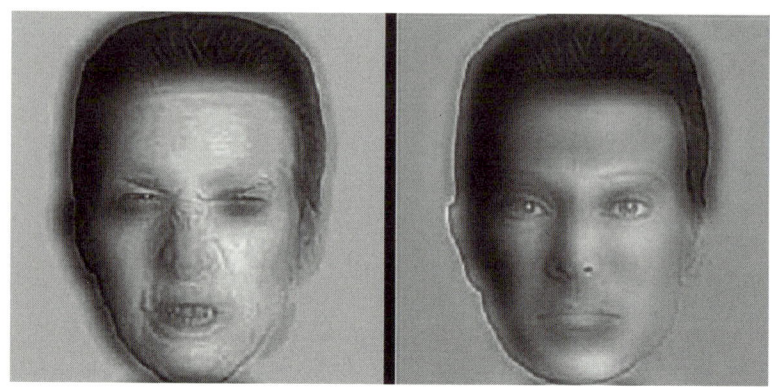

〈Dr Angry and Mr Smiles〉, 미국 MIT 대학의 오드 올리비아(Aude Oliva) 교수의 논문에서 제시된 이미지.

이 그림을 가까이에서 보면 분명 왼쪽 사람이 화를 내고 찡그리고 있고, 오른쪽 사람은 그냥 평범한 얼굴이다. 그러나 책에서 좀 멀리 떨어져서 보면 오른쪽 사람이 찡그리며 화를 내고 있고 왼쪽 사람은 그냥 평범한 얼굴로 보인다. 미국 MIT 대학의 오드 올리비아 Aude Oliva 교수는 사람이 가까이에서는 부분적인 것을 보고 멀리서는 전체적인 것을 보는 것에 착안해 이 이미지를 만들었다.

이처럼 사람들은 보는 거리에 따라서도 다르게 본다. 우리는 일반적으로 부분적으로 보고 상황에 휩쓸리곤 한다. 그래서 전체적으로 보고 좀더 넓게 보는 전략적인 생각이 필요하다. 전체적인 시각이 중요함을 보여주는 이야기를 하나 소개한다.

아메리카 들소인 버팔로가 미국 초원을 무리 지어서 달리는 장면은 보는 사람의 기억에 남을 정도로 장관을 이룬다고 한다. 하지만 버팔로 무리는 토네이도처럼 불규칙하게 움직이기 때문에 언제 어디에서 나타날지는 아무도 알지 못한다.

한 청년이 신문에 공고를 냈다. 자신을 버팔로 연구가로 소개한 이 청년은 몇 일, 몇 시, 몇 분에 어느 장소에 버팔로 무리가 지나갈 것이라는 정보가 담긴 초청장을 1달러에 판다고 했다. 만약 자신의 예측이 틀린다면 2달러로 되돌려준다는 공고였다. 많은 사람들이 청년에게 1달러 초청장을 샀다. 그리고 청년이 말한 시간 약속 장소에 사람들이 구름같이 많이 모였다. 하지만 버팔로의 무리는 나타나지 않았고 청년은 약속대로 그 많은 사람들에게 2달러를 돌려줬다. 그런데도 이 청년은 그 일로 무척이나 큰돈을 벌었다고 한다. 이 청년은 어떻게 손해를 보지 않고 오히려 큰돈을 벌 수 있었을까?

> 1달러 초청장
> O일 O시 OO에 버팔로가 나타난다.
> 만약 버팔로가 나타나지 않으면
> 2달러로 돌려주겠다.

이야기를 들은 사람들이 가장 먼저 떠올리는 아이디어는 장사다. 사람들이 많이 모이는 장소이므로 김밥도 팔고 생수도 팔겠다는 것이다. 어떤 사람은 교통편을 제공하는 것을 생각하기도 하고, 어떤 사람은 광고 같은 것을 생각하기도 한다. 어떤 사람은 이렇게 이야기한다.

"이 청년이 말한 시간과 장소는 먼 외곽 지역에 새벽이었어요. 그 시간에 그 장소에 가려면 전날에 그 지역에서 잠을 자야지만 갈 수 있는 곳이었죠. 물론 청년은 그 지역에서 민박집을 하고 있었던 거죠."

내가 처음 들은 이 이야기의 진실은 이렇다. 버팔로가 지나간다는 장소로 들어가기 위해 사람들은 조그만 강을 건너야 했다. 그 강에는 다리가 없어서 5달러를 내고 뗏목을 타고 강을 건너야 했는데, 이 청년의 진짜 직업은 뗏목을 운영하는 뱃사공이었다고 한다.

이 이야기는 1차적인 접근보다는 2차적인 이익을 생각하라고 말하고 있다. 직접적인 이익보다는 간접적이지만 더 큰 2차적인 이익을 생각하라는 것이다. 이런 전략적으로 생각하기 위해서는 한 단계 위에서 바라보며 전체적인 상황을 고려하는 것이 필요하다. 바둑을 둘 때 미리 다음 수를 계산해야 하고, 당구를 칠 때 다음에 공이 어디에 모일지를 상상해야 하는 것처럼 말이다.

 눈에 보이는 것이 아닌 '2차적 이익'을 생각하라

어느 병원에서 다이어트 프로그램을 운영하는 의사는 다이어트 프로그램을 운영하면 오히려 손해가 난다고 말한다. 의사나 영양사들이 상담하고 체중을 관리하는 것으로는 손익이 맞지 않는다고 말이다. 그런데 그 병원에서는 다이어트 프로그램을 운영한다. 환자들이 프로그램에 참여하려면 혈액검사 같은 건강검진을 해야 하는데 이를 통해 얻는 이익으로 손해를 메우고도 남는다는 것이다.

예전에 어느 책에서 '맥도날드의 부동산 사업'에 관한 이야기를 읽은 적이 있다. 맥도날드는 세계에서 햄버거를 가장 많이 파는 회사다. 그런데 사람들은 맥도날드의 진짜 기업 가치는 그 회사가 보유하고 있는 '알짜배기 부동산'이라고 말한다. 맥도날드는 개발되는 지역이나 사람들이 모이기 시작하는 장소에 체인점을 낸다. 장사라는 것은 영업을 한다고 꼭 수익이 나는 것은 아니어서 햄버거를 팔아서는 돈을 벌기도 하지만 때때로 손해도 본다. 하지만 맥도날드 매장이 들어선 거리는 사람들이 많이 다니는 거리가 되고, 인근 지역의 부동산 가격은 상승하게 된다. 그래서 특별하게 장사가 잘되지 않아도 부동산의 가치가 상승해 맥도날드는 큰 이익을 남긴다.

이 이야기의 내용이 진실인지는 중요하지 않다. 여기에서 우리는 일을 단편적으로 접근하는 것보다는 좀더 큰 그림을 그리며, 전략적으로 더 많은 것을 고려해 접근해야 한다는 것을 배울 수 있다. 1차적인 이익만이 아닌 2차적인 이익을 생각해야 한다는 것이다.

청바지 브랜드 '게스GUESS'의 비즈니스 전략을 살펴보자. 게스 청바지는 1990년을 전후로 미국 20대 여성의 패션 아이콘이 된다. 게스는 어떻게 소비자들의 마음을 사로잡았을까? 초기 게스의 마케팅 전략은 '24인치' 미만의 청바지만 만드는 것이었다. 당신이 청바지를 만드는 회사의 사장이라고 생각해보라. 어떤 청바지를 만들고 싶은가? 다

양한 치수의 청바지를 만들어서 더 많이 팔아 더 많은 돈을 벌고 싶을 것이다. 하지만 게스는 초기에 24인치 미만의 청바지만을 의도적으로 만들었다. 이 마케팅 전략은 '게스 청바지는 섹시한 청바지'라는 인식을 사람들에게 심어줬다.

    실제로 거리에 나가보면 게스 청바지를 입고 있는 여성들은 모두 섹시한 몸매를 가졌다. 24인치가 안 되는 여자만이 이 청바지를 살 수 있기 때문에 당연히 이 청바지를 입은 여자들은 날씬하고 섹시해 보인다. 청바지가 몸매를 만들어주는 것이 아닌데도 사람들에게 게스 청바지는 몸매를 살려주는 청바지로 포지셔닝한 것이다. 또 게스 청바지를 사는 여자라면 자신의 허리가 24인치 이하라는 것을 공개적으로 증명받는 것이다. 이처럼 게스는 24인치 이하의 청바지만 만드는 어쩌면 바보 같은 선택으로 청바지 시장을 장악하기 시작한 것이다.

    2차적 이익까지 생각하며 좀더 넓게 보며 다양한 관점에서 유연하게 생각하는 것이 아이디어를 만들고 전략적인 접근을 하는 방법이다.

다르게, 부지런하게
생각하라

 관점을 바꾸는 생각의 공식

사람들은 같은 것을 보면서 다른 생각을 한다. 그것을 바라보는 다양한 시각이 존재하고, 이 다양한 시각들이 다양한 생각들을 만들어내기 때문이다. 새로운 생각을 하고 싶은 사람이라면 의도적으로 다양한 관점을 갖는 것이 필요하다. 다양한 관점이 유연하게 생각하게 하며 새로운 생각을 만들기 때문이다.

사람의 생각은 인식과 처리의 구조를 갖는다. 인식은 처음 2~3초 정도에 일어나는 일이고, 나머지 30분이든 1시간이든 고민하는 시간은 처리과정이 일어나는 시간이다. 그런데 사람들의 생각은 인식이 결정한다. '척' 보면 알고, '척' 보면 아는 생각이 바뀌지 않는다는 것이다. 첫인상이 바뀌지 않는 것처럼 우리의 생각은 초기값에 매우 민감하게 반응하고 결정된다.

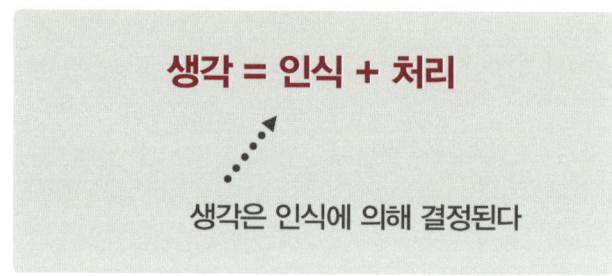

생각이 초기값에 의해 고정된다는 것을 사례로 살펴보자. 다음 두 가지 이야기를 보자.

"어떤 여대생이 밤에 술집에 나간다."
"어떤 술집 여종업원이 낮에 대학에 다닌다."

두 이야기는 같은 정보를 제공하고 있다. 하지만 초기값이 다르기 때문에 우리는 서로 다른 이야기로 받아들이게 된다. 술집에 나가는 여대생에게는 매우 큰 비난을 할 것이고, 대학교에 다니는 술집 여종업원에게는 격려를 할 것이다. 이 차이는 초기값이 다르기 때문에 발생한다.

사람들의 생각은 생각을 시작할 때의 초기값에 매우 큰 영향을 받는다. 사람들의 생각은 초기값이 형성된 일정 영역에 머무르게 된다. 그래서 새로운 생각을 하고 유연하게 다양한 생각을 하고 싶은 사람이라면 다양한 초기값을 만들어야 하는 것이다. 다양한 초기값이 다양한 시각, 다양한 관점인 것이다.

사람들의 생각은 초기값에 의해 결정된다. 그렇게 만들어진 생각은 잘 바뀌지 않는다. 이것은 심리학에서 이야기하는 '닻 내리기 효과 Anchoring Effect'와 같은 것이다. 닻을 내린 곳에 배가 머물 듯이 처음 입력된 정보가 정신적 닻으로 작용해 전체적인 판단에 영향을 미치는 현상이다. 사람들의 생각은 초기값에 고정되고, 이것이 고정관념이다.

이런 질문을 해보자.

"파리가 서울에서 부산까지 갈 수 있을까?"

파리는 열심히 날갯짓을 하면 시속 10km 정도의 속도를 낼 수 있을 것이다. 하지만 그런 속도를 지속하기는 어렵다. 파리의 평균 수명이 30일 정도이기 때문이다. 이것도 온도와 날씨가 좋은 경우와 그렇지 않은 경우에 따라 편차가 클 수 있다. 이런 파리가 서울에서 부산까지 갈 수 있을까? 사람들은 갈 수 있다고 한다. KTX 타고 가면 된다. 고속버스를 타고 가도 된다.

파리의 입장에서 생각해보자. 파리가 서울에서 부산까지 가기 위해서는 열심히 날갯짓을 해야 하고 길도 잘 찾아야 한다. 하지만 그보다 중요한 것이 출발할 때 '서울역으로 가야겠다' 또는 '고속버스 터미널로 가야지' 같은 생각을 하는 것이다. 생각의 출발이 달라야 하는 것이다. 이렇게 다른 생각을 하기 위해서는 앞에서 지적했던 것처럼 관점의 전환이 필요하다. 바라보는 시각부터 다르게 보는 것이 필요하다.

남이섬에 가면 키가 큰 나무들이 양쪽으로 쭉 늘어선 길이 몇 군데 조성되어 있다. 나무 사이를 지나가면 경치도 좋고 낭만도 있다. 가을이면 그 나무들 사이에 은행나뭇잎을 깔아놓아서 관광객들이 즐길 수 있도록 조성하는데, 이 길을 '송파은행길'이라고 부른다. 이 은행나뭇잎들을 서울에 있는 송파구청에서 가져오기 때문이다.

사진 출처 : 〈시사경제신문〉, 2011. 11. 20.

상황은 이렇다. 가을에 멋진 낙엽은 보기에는 좋은데 아스팔트나 도로에 떨어지면 치워야 하는 쓰레기로 바뀐다. 음식물 쓰레기처럼 처리해야 하기 때문에 일반 쓰레기보다 처리비용이 3배 정도 더 비싸다고 한다. 2006년부터 서울의 송파구청은 은행나뭇잎을 모아서 800톤 정도를 남이섬에 가져다준다. 그렇게 하면 쓰레기 처리비용을 1억원

넘게 아낄 수 있다고 한다. 남이섬 입장에서도 나쁠 것이 없다. 관광객들에게 좋은 서비스를 제공할 수 있기 때문이다.

같은 상황에서 다르게 생각하고 행동하는 것이 이런 생산성을 만드는 것이다. 대단한 아이디어를 창조해 세상에 없는 것을 만드는 것이 아니라 이런 것이 바로 창의성이다. 같은 일을 하더라도 남들과 다른 방법으로 하며 생산성을 만드는 것이 바로 창의성이다.

A나 B가 아닌 또 다른 C를 생각하라

다르게 생각하거나 다양한 관점을 갖고 싶어도 가로막는 여러 장벽들이 있을 것이다. 습관, 고정관념, 개인적인 경험, 환경적인 요소 등이다. 가장 큰 장벽은 게으른 생각이다. 정해진 조건에서만 생각하고 다양한 관점을 갖지 않는 것은 게으르게 생각하기 때문이다. 우리는 부지런하게 생각해야 한다. 생각의 부지런함이란 다양한 관점으로 더 다양한 생각을 하는 것이다. 다양한 생각만이 새로운 생각을 만드는 유일한 방법이기 때문이다. 이런 질문을 해보자.

> 1,000만원이 생겼다. 이렇게 예상외로 큰돈이 생겼을 때 여자들의 행동패턴은 다음과 같다.
> 1. 자신을 위해 1,000만원을 소비한다.
> 2. 남자를 위해 1,000만원을 소비한다.
> 3. 미래를 위해 재테크를 해서 1,000만원을 더 큰 돈으로 만든다.
> 남자들은 어떤 여자를 좋아할까?

이 질문에 많은 남자들이 3번 여자라고 대답했다. 자신은 2번 여자가 좋다고 대답한 남자들도 많았다. 하지만 이 질문을 던진 사람이 말하는 정답은 '예쁜 여자'였다. 남자들은 무조건 예쁜 여자를 좋아한다는 재미있는 유머이다.

이 질문은 우리에게 또 다른 생각을 하게 한다. "A인가 B인가?" 하는 질문에 A나 B가 아닌 C라는 답이 있을 수 있다는 사실이다. 그리고 C가 더 적절한 정답이 될 수 있다는 것이다.

이것은 틀을 깨는 생각을 하게 하는 수수께끼다. 일을 할 때 A인가 B인가를 놓고 고민하고 있다면 C라는 새롭고 더 적절한 정답이 있을 수도 있다는 것을 기억해야 한다. A인가 B인가를 고민할 때 더 좋은 C라는 답은 무조건 있다. 그래서 부지런한 사람은 새로운 C를 찾는다. 반면, 주어진 A와 B 중 적절한 것 하나만을 고르려고 하는 사람은 게으른 사람이다.

창의성을 발휘하기 위해서는 부지런한 생각을 해야 한다. 주어진 것 중 적당한 것 하나를 타협해 선택하지 말고 새롭고 멋진 또 다른 가능성을 찾아보자. 'A인가 B인가?'가 고민될 때 항상 C라는 답이 있을 수 있다고 생각하는 것은 강력한 생각의 도구가 된다.

미국의 한 비누공장에서 일어난 재미있는 사연을 소개한다. 비누를 만드는 공장에서는 포장기계가 가끔씩 오작동해 포장 케이스에 비누가 들어가지 않고 그대로 기계를 빠져 나와 빈 케이스가 종종 발견됐다고 한다. 경영진은 이 문제로 외부 컨설팅을 받았는데 컨설팅 업체는 엑스레이 투시기를 공정에 투입시켜 비누가 들어 있지 않은 빈 케이스들을 별도로 수거하기로 결정했다. 비용은 컨설팅 비용 10만 달러, 기계값 50만 달러, 인건비 5만 달러에 이르렀다. 그런데 엑스레이 투시기를 주문하고 기다리는 몇 달 동안 그 문제로 인한 불량률이 제로가 되었다. 어떻게 된 일인가 알아보니 최근 입사한 신입사원이 집에서 선풍기를 가져와 포장라인을 지나는 비누 케이스 중 빈 케이스를 날려 보내고 있었다고 한다. 비용은 단 50달러밖에 들지 않았다.

이 이야기는 그냥 만들어낸 이야기일 가능성이 높다. 하지만 우리에게 중요하고 분명한 메시지를 준다. 지금 내가 선택하는 A나 B보다 더 효과적이고 생산적인 C가 있다는 것이다. 우리는 더 적절한 C를 찾아야 한다. 성공한 사람들의 스토리를 들어보면 모두 A와 B 중 하나를 선택해야 하는 것으로만 생각하고 있을 때 그들은 또 다른 C를 찾았다는 것을 알 수 있다. 언제나 또 다른 선택이 있다. 우리가 고민하고 있는 아이디어에도 또 다른 선택이 있다. 놀라운 것은 또 다른 선택이 있다는 사실을 기억하는 것만으로도 우리 스스로 새로운 아이디어를 찾게 된다는 것이다.

워킹화라는 제품을 생각해보자.

"걸을 때에는 런닝화 대신 워킹화를 신으세요."

LS네트웍스는 토종 신발 브랜드 프로스펙스를 만들었던 국제상사를 인수한 후 워킹화라는 새로운 개념의 운동화를 만들었다. 도시에서 출근하고 퇴근하며 일상생활을 할 때는 뛰는 운동을 하기 위해 만들어진 런닝화보다 걷기에 최적화된 신발 워킹화가 더 적합하다고 광고한 것이다. 워킹화라는 개념을 창출하며 '프로스펙스 W'라는 브랜드를 출시했고, 빅히트를 쳤다. 이후 워킹화 시장은 매년 폭발적인 성장을 했다.

그런데 운동화, 러닝화, 워킹화를 보면 무엇이 다른지 구별이 되는가? 일반인들은 제품으로는 전혀 구별하지 못할 것이다. 만드는 사람들은 다르다고 주장하겠지만, 사실 만드는 사람도 명확하게 구별이 될 것 같지는 않다. 워킹화의 성공 사례를 보면 실제로 품질보다 중요한 것은 브랜딩이다. 가볍고 걷기에 더 편하게 디자인되었다는 실질적인 품질보다 이 제품의 성공을 가져온 가장 강력한 힘은 '워킹화'라는 단어에 있다. 러닝화와 차별화되는 워킹화라는 개념이 새로운 시장을 창출하며 비즈니스의 성장을 가져온 것이다.

3강

생각을
확인하라

_ 생각의 공식 2

우리의 직관은 믿을 수 있을까?

 직관을 의심하라

"나는 생각한다. 그러므로 나는 존재한다."
 데카르트의 말처럼 우리는 가장 기본적인 것까지 의심하고 확인하는 생각 방법으로 더 현명하고 창의적인 생각을 할 수 있다. 우리의 생각은 어수룩하고 자주 틀린다. 특히 직관적으로 어떤 생각이 들 때는 그것이 맞는지 확인하는 과정이 필요하다. 이런 질문을 해보자.

 (Q) 당신이 달리기를 하고 있다. 열심히 뛰어 앞에 가던 2등을 지금 막 앞질렀다. 당신은 몇 등으로 뛰고 있는가?

이런 질문을 하면 사람들은 엉겁결에 "1등"이라고 외친다. 하지만 다시 생각해보면 2등을 앞지른 사람은 현재 2등으로 뛰고 있다. 설명이 필요하다고 느끼는 사람은 자신의 생각을 더 자주 확인해야 하는 사람이다. 또 다른 질문을 해보자.

(Q) 당신이 달리기를 하고 있다. 열심히 뛰어 앞에 가던 꼴등을 지금 막 앞질렀다. 당신은 몇 등으로 뛰고 있는가?

이 질문에 사람들은 "꼴등에서 2등"을 외친다. "만약 100명이 뛰고 있었다면?"이라고 질문하면 "99등"을 외친다. 하지만 이 질문을 받은 사람이 상황을 확인해본다면 이렇게 말할 것이다.
"꼴등을 누가 앞질러? 꼴등 뒤에는 아무도 없는데."
때때로 이 질문에 어떤 사람은 "1등"을 외친다. 왜 1등이냐고 물어보면 "학생들이 운동장을 뛰고 있는데 1등으로 뛰는 학생이 한 바퀴를 더 돌아서 꼴등을 앞지르는 상황이 생긴 거야"라고 말한다. 이렇게 상황을 정확하게 파악하고 자신이 이야기를 설명하기 위해서는 언뜻 떠오르는 생각의 오류에 빠지지 않아야 한다.

특히 직관적인 생각을 자주 확인해야 한다. 직관이란 것이 논리적이고 합리적인 과정을 통해 만들어지는 것이 아니기 때문에 그것을 확인했을 때 처음 생각과는 다른 경우가 많다. 이런 질문을 해보자.

(Q) 어떤 전화회사가 장거리 전화망을 구축하기 위해 지구 중심을 한 바퀴 도는 전화선을 설치하려고 한다. 지표면에 설치하

려다 지상 10m 높이로 전화선을 설치하려는 계획을 세웠다. 지표면에 설치하는 것과 비교하면 지상 10m 높이에 전화선을 설치할 때 어느 정도 길이의 전화선이 더 필요할까?

지구의 둘레는 어마어마하다. 그래서 추가로 들어가는 전화선도 상상할 수 없이 길 것처럼 느껴진다. 하지만 실제로 계산을 해보면 그렇지 않다. 지표면의 둘레와 10m 상공의 둘레를 직접 계산해보자.

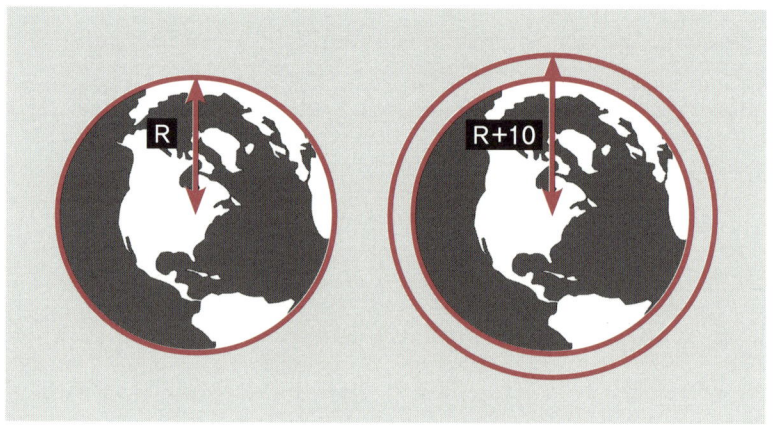

지구의 반지름을 R이라고 하면 지구 표면을 한 바퀴 돈 둘레는 $2R\pi$이다. 10m 상공을 따라 지구를 한 바퀴 도는 것은 반지름이 $(R+10)$이 되므로 $2(R+10)\pi$이다. 즉, 차이는 20πm인 것이다. $\pi=3.14$로 계산하면 전화선은 62.8m만 더 필요하다.

이처럼 우리의 직관은 실제와 차이가 나는 경우가 많다. 때문에 자주 직관이 맞는지 확인해봐야 한다.

직관이 통찰력이 되려면

직관은 때때로 놀라운 힘을 발휘하기도 한다. 하지만 직관이 통찰력이 되기 위해서는 그것을 확인하는 과정을 거쳐야 한다. 사실과 의견을 구별하지 못하고 직관의 함정에 빠져버린다면 큰 재앙이 될 수도 있다.

많은 사람들이 혼란스러워하는 우연과 필연에 대해 살펴보자. 다음의 질문을 살펴보자.

1. 카지노에서 주사위 던지기 도박을 한다. 짝수가 연속으로 6번 나왔다. 다시 주사위를 던질 때 홀수에 베팅하는 것이 당연한 것일까?
2. 무작위로 포탄이 날아오는 전쟁터에서 한 번 포탄이 떨어진 자리에 또 다시 포탄이 떨어질 확률이 정말로 낮을까?
3. 타율이 3할3푼3리의 야구선수가 2번 연속 안타를 치지 못했다면 3번째 타석에서는 과연 안타를 칠 가능성이 더 높을까?
4. 20년 동안 복권을 산 할아버지와 한 번도 복권을 산 적이 없는 내가 같이 복권을 샀다면 할아버지가 복권에 당첨될 확률이 내가 복권에 당첨될 확률보다 더 높을까?
5. 제주도로 출장을 가던 중 초등학교 때 내가 좋아하던 여자 동창을 우연히 만났다. 이러한 우연은 정말 일어나기 힘든 일이다. 과연 운명적인 만남일까?

먼저 주사위 던지기를 생각해보자. 연속으로 6번 짝수가 나왔다면 다음에는 홀수가 나올 확률이 훨씬 더 높은 것일까? 이 질문에 대해 수학자 요한 베르누이Johann Bernoulli는 '주사위는 양심도, 기억력도 없다'라는 말을 했다. 다시 말해 이미 연속으로 6번이나 짝수가 나왔어도 새로 던지는 주사위에서 짝수가 나올 확률이나 홀수가 나올 확률은 모두 반반이다. 주사위에게 기억력이 없는 것처럼 포탄과 복권 역시 기억력이 없다. 이전의 사건과는 전혀 상관이 없기 때문에 이미 포탄이 떨어진 자리에 또 다시 포탄이 떨어질 확률은 다른 자리에 떨어질 확률과 같고, 할아버지가 당첨될 확률이나 내가 당첨될 확률 역시 똑같다. 타율이 3할3푼3리라고 하면 타석에 3번 서면 그 중 한 번은 안타를 칠 것이라는 걸 의미한다. 하지만 이것이 2번 연속 안타를 못 쳤다고 3번째 타석에서 안타를 칠 것이란 말은 아니다.

5번에 대해 자세히 생각해보자. 제주도로 출장을 가던 중 초등학교 때 좋아하던 여자친구를 우연히 만났다. 이런 우연이 정말로 만나기 힘든 운명 같은 일일까? 사람들은 일반적으로 확률이 매우 낮은 일이 일어났다고 생각하겠지만 우연한 만남은 생각보다 자주 일어난다. 다시 말해서 가능성이 높은 일이다. 특정한 여자친구를 특정한 장소에서 특정한 시간에 만날 확률은 매우 낮다. 그러나 특정하지 않은 사람을 특정하지 않은 장소에서 특정하지 않은 시간에 만날 확률은 생각보다 높다.

우리는 언뜻 떠오르는 생각을 꼼꼼하게 따져보지 않는 경우가 많다. 그러나 구체적으로 생각하고 하나하나 따져보면 상황을 정확하게 보게 된다. 때로는 나에게 일어나는 알 수 없는 일들에 대해서도 다양한 가능성을 생각해봐야 한다. 이런 상황을 생각해보자.

어느 날 아침 당신에게 이메일이 도착한다. 내용은 단순하다. "오늘 삼성전자 주식이 올라갈 것이다." 그런데 실제로 그날 삼성전자 주식이 올랐다. 그 다음날 아침에도 이메일이 온다. 이메일은 그날 삼성전자 주식이 올라갈 것인지 떨어질 것인지를 예측한다. 그런데 놀랍게도 예측이 10번이나 연속으로 적중했다. 어떤 주식이 올라갈 것인지 내려갈 것인지에 대한 확률이 1/2이라고 가정한다면, 무작위로 예측해 10번이나 연속으로 맞출 확률은 1/2의 10승이다. 2의 10승이 1,024이므로, 무작위로 10번이나 예측을 맞출 확률은 대략 1/1,000인 것이다. 이런 일이 일어난다면 대부분의 사람들은 10번까지 기다리지 않고 이메일을 보낸 사람을 찾아갈 것이다. 그리고 그에게 거액의 자금을 투자할 것이다.

그런데 이런 상황을 생각해보자. 당신이 증권회사에 취직을 했다. 투자가를 찾을 때에는 소액을 투자하는 사람 100명보다 거액을 투자하는 사람 1명이 더 중요하다. 그렇게 생각한다면 당신은 1만 명의 부자의 정보를 얻어라. 그들을 둘로 나눠서 5,000명에게는 "내일 삼성전자 주식이 올라갈 것이다"는 이메일을 보내고, 나머지 5,000명에게는 "내일 삼성전자 주식이 떨어질 것이다"는 이메일을 보내라. 만약 주식이 올라갔다면 떨어질 것이라고 이메일을 보낸 사람의 명단을 버리고, 맞춘 사람 5,000명에 대해 또 둘로 나눠서 이메일을 보내라. 그 중 2,500명에게는 삼성전자 주식이 올라갈 것이라고 보내고, 나머지 2,500명에게는 떨어질 것이라고 보내는 것이다. 예비 투자자 명단을 반씩 나눠서 한쪽에는 올라갈 것이다, 다른 한쪽에는 떨어질 것이다라고 보내며 실제 주식의 움직임을 살펴 틀린 쪽은 버리고 맞춘 쪽에는 계속 이메일을 보내는 것이다. 이렇게 10번 하면 1만 명 중 10명 정도는 당신이 주가를 10번이나 연속으로 정확하게 예측하는 것을 본 사람들이다. 그들은 당신에게 큰돈을 투자할 것이다.

물론 이것은 재미있게 만든 이야기일 뿐이다. 이 이야기가 전하는 메시지는 우리에게 일어나는 일에 대해 좀더 분석적이고 논리적으로 따져볼 필요가 있다는 것이다. 생각의 틀을 깨라고 하면 대부분의 사람들이 엉뚱하게 생각하고 유연하게 생각하는 것만을 고려한다. 하지만 많은 경우 생각의 틀을 깨는 것은 구체적인 데이터, 철저한 검증, 논리적이고 분석적인 확인 등인 경우가 많다. 그래서 우리는 때때로 자신의 직관을 의심해봐야 한다.

지식의 유통기한을 **확인하라**

 지식에도 유통기한이 있다

　매년 똑같은 문제를 출제하는 교수님이 있다고 한다. 학생들이 교수님께 "왜 매년 문제가 같나요?"라는 항의를 했다. 교수님의 대답은 이랬다. "문제가 같아도 정답이 달라지니까, 매년 같은 문제를 내는 것이지!" 맞는 말이다. 상황이 달라지고 환경이 변하기 때문에 같은 문제에 대한 정답도 달라진다. 어제까지는 정답이었지만 오늘은 정답이 아닌 것도 있고, 어제까지는 A가 정답이었지만 오늘부터는 B가 정답인 것도 있다

　지식에도 유통기한이 있다. 어떤 사람은 "어제의 지식은 오늘의

쓰레기다"라고 말하기도 한다. 상한 우유를 먹으면 배탈이 나는 것처럼 유통기한이 지난 지식을 잘못 적용하면 큰 손해를 본다는 것이다. 과거에는 중요한 것이었고 꼭 그렇게 해야만 했지만, 지금은 그럴 필요가 없는 것을 확인해보는 과정에서 창의적인 아이디어를 만들 수 있다.

과거에 유용했던 생각에 고집스럽게 집착하면 안 된다. '휴브리스 hubris'라는 단어가 있다. 자만, 오만함이란 뜻의 그리스어에서 유래된 단어로 자신이 과거에 성공했던 방법을 고집하다 실패하는 속성을 의미한다. 역사학자 아놀드 토인비 Arnold Joseph Toynbee가 과거 성공한 경험이 있는 사람이 자신의 능력과 방법을 너무 과신해 그동안 변화한 환경을 고려하지 않고 과거의 방법을 고집하다 결국 커다란 실패를 맞보게 된다는 뜻으로 휴브리스라는 단어를 사용했다. 역사적으로 그런 일들이 많았다는 것이다. 지금 우리가 겪는 일도 과거의 방법이나 생각을 고집하다 현재의 기회를 잡지 못하는 것은 아닌지 확인해야 한다.

모든 기회는 변화에서 생긴다. 과거에는 불가능했는데 이제는 가능해진 것도 많고, 과거에는 없었는데 지금은 많아진 것들도 있다. 반대로 과거에는 많았는데 지금은 없어진 것도 많고, 과거에는 중요했지만 지금은 중요하지 않은 것들도 있다. 이런 변화를 살피며 과거와 달라진 것을 확인하는 것이 새로운 기회를 만든다. 창의성을 만드는 것이다.

그것은 내가 알고 있는 그것이 아니다

얼마 전 한 사이트에서 '초등학생은 맞추는데 어른 80%는 틀리는 수학 문제'라는 제목의 기사를 봤다. 80%의 어른이 틀리는데 초등학생은 맞춘다는 타이틀에 많은 사람들이 클릭했다. 다음이 바로 그 문제이다.

```
80 PERCENT FAIL THIS SIMPLE TEST
       1 = 11              5 = 55
       2 = 22              6 = 66
       3 = 33              7 = 77
       4 = 44             11 = ??
```

이 문제의 답은 무엇일까? 성인들은 대부분 121 또는 1111이라는 답을 내놓았다. 11을 곱하는 패턴이거나 또는 그냥 단순히 주어진 숫자를 두 번 연속으로 쓰는 것으로 생각한 것이다. 하지만 정답은 1이다. 문제를 보면 1 = 11 이라고 했기 때문에 11 = 1이다. 문제에 답이 있는 문제다. SNS에 이 문제를 올려보면 답을 쉽게 찾지 못한 사람들이 자신의 센스 없음을 아쉬워한다. 그런데 정말 1이 답일까?

이 문제는 잘 정의된 문제가 아니기 때문에 정확한 정답이 있다고 말할 수는 없다. 사람마다 자신의 주장이 있을 것이고 가장 합리적인 것을 정답이라고 인정할 것이다. 이 문제를 합리적으로 생각해보면 나는 답은 1이 아니다라고 본다. 오히려 답은 121 또는 1111이 더 적합하다. 그 이유를 설명하면 이렇다.

사람들이 1을 답으로 생각하는 이유는 '1 = 11'이 문제에서 주어졌기 때문이다. 하지만 이 문제에서 사용된 '='은 우리가 알고 있는 '같다'를 나타내는 'equal' 기호라고 볼 수 없다. 1과 11은 엄연히 같지 않다. 2와 22도 같지 않다. 따라서 '='은 우리가 알고 있는 같다는 것을 나타내는 등호 equal 기호가 아닌 것이다. 이 문제에서 '='은 오른쪽과 왼쪽의 어떤 관계를 나타내는 알 수 없는 기호라고 보는 것이 옳다. 화살표나 동그라미 같은 그냥 어떤 기호인 것이다. '='이 우리가 알고 있는 같음을 나타내는 등호라면 A = B이면 B = A이다. 1=11이라면 11=1이 맞다.

하지만 일반적인 관계에서 A@B라고 해서 B@A라는 보장은 없다. 예를 들어 A가 B를 사랑한다고 B가 A를 사랑한다는 보장이 없는 것처럼 말이다. 따라서 값이 서로 같음을 나타내는 'equal' 기호가 아닌 단순한 관계를 나타내는 '=' 기호에서는 '1 = 11'이라고 해서 '11 = 1'이라고 말할 수는 없는 것이다. 오히려 왼쪽과 오른쪽 숫자들의 패턴으로 생각하면 121이나 1111이 적당하다.

'그것은 내가 알고 있는 그것이 아니다'는 생각은 우리에게 매우 중요한 의미를 갖는다. 전통적으로 생각하는 고정적인 역할이나 의미, 틀에 박힌 방법에서 벗어나게 해주기 때문이다. 가령, 커피를 파는 카페를 생각해보자. 카페에서 가장 중요한 것은 무엇일까? 뭐니 뭐니 해도 커피를 파는 곳이니까 커피 맛이 좋아야 한다. 하지만 실제로는 그렇지 않다. 카페 A와 카페 B 중 어느 곳으로 갈까? 사람들의 선택은 커피 맛이 좋은 곳이 아니라 '와이파이가 빵빵하게 나오는 곳'이다. 스타벅스에서 최근 몇 년간 지속적으로 IT 기업 출신의 전문가를 영입하고 있는 것도 같은 맥락에서 일어나는 일이다.

스타벅스는 미리 모바일 어플리케이션(앱)으로 커피를 주문하는 모바일 주문 서비스 '사이렌오더Siren Order'를 제공하고 있다. 모바일 앱으로 사무실에서 커피를 주문하고 내가 가고 싶은 시간에 매장에 들어가면 딱 맞춰 커피가 나온다. 내가 스타벅스 매장에 들어서면 주문하지 않아도 똑똑한 스타벅스는 알아서 내가 주문한 커피를 준비하는 것이다. 사이렌오더가 사용자 위치를 정확히 파악하는 비결은 고주파음이라고 한다. 사람 귀에 안 들리는 고주파음으로 매장마다 서로 다른 신호를 보내고, 이 소리를 스마트폰 마이크가 인식하면 고객이 매장에 들어섰다는 사실을 인식한다는 것이다. 커피를 파는 가게가 예전처럼 커피만 파는 가게가 아닌 것이다.

'그것은 내가 알고 있는 그것이 아니다'는 사실을 기억하며 새로운 제품이나 서비스를 창출해보자. 자신이 알고 있는 자동차만을 생각하고 자동차를 만든다면 절대 고객의 선택을 받지 못할 것이다. 사람들이 원하는 자동차는 내가 이미 알고 있는 자동차가 아니기 때문이다. 시계는 우리가 알고 있는 시계가 아니고, TV는 우리가 알고 있는 TV가 아니다. 이미 그것은 내가 알고 있는 그것이 아니기 때문이다.

비판적으로
사고하라

 우리의 뇌는 기존의 방식에 익숙해 있다

우리의 뇌는 효율을 높이는 방향으로 작동하기 때문에 대충대충 일을 처리하고 해오던 패턴대로만 움직인다고 한다. 기본적으로 착각과 실수를 하는 것이 자연스러운 것이다. 때문에 우리는 의도적으로 자신의 생각을 확인하고 다른 사람의 의견을 비판적으로 생각해봐야 한다. 다음의 문장은 자연스럽게 읽힌다. 왜냐하면 우리의 뇌가 일을 대충대충 하기 때문이다.

캠리브지 대학의 연결구과에 따르면, 한 단어 안에서 글자가 어떤 순서로 배되열어 있는가 하것는은 중하요지 않고, 첫째번와 마지막 글자가 올바른 위치에 있것는이 중하요다고 한다. 나머지 글들자은 완전히 엉진창망의 순서로 되어 있지을라도 당신은 아무 문없제이 이것을 읽을 수 있다. 왜하냐면 인간의 두뇌는 모든 글자를 하나하나 읽것는이 아니라 단어 하나를 전체로 인하식기 때문이다. 우리는 무식의 적으로 이렇게 한다.

우리가 엉뚱하게 생각하고 착각하는 것은 어떻게 보면 다음과 같은 착시를 닮았다.

위의 평행사변형에는 두 개의 대각선이 있다. 이 두 개의 대각선은 길이가 같다. 하지만 우리 눈에는 왼쪽 대각선이 오른쪽보다 더 길어 보인다. 우리의 눈이 틀린 것이다. 우리의 눈이 착각을 하는 것은 우리의 생각이 착각을 하고 있다는 의미로 받아들일 수 있다.

이렇게 우리의 생각은 자주, 쉽게 틀린다. 생각을 확인하는 과정이 필요한 이유이다. 이 글을 읽고 있는 사람들 중 많은 사람은 "아, 그렇구나" 하고 그냥 지나쳤을 것이다. 그런데 좀더 확실하게 확인하는 사람이라면 자를 들고 위에 있는 평행사변형의 두 대각선이 진짜 길이가 같은지 확인했을 것이다. 확인을 하지 않은 사람이라면 지금이라도 확인해보라. 확인할 수 없는 것은 어쩔 수 없지만 확인할 수 있는 것은 최대한 확인해야 한다. 그것이 비판적인 사고인 것이다.

앞에서 본 평행사변형은 우리의 생각이 주변 상황에 얼마나 쉽게 영향을 받고 때로는 엉뚱하게 생각하고 있는가를 잘 보여준다. 앞의 평행사변형에서 오른쪽 선과 왼쪽 선의 길이가 같다는 것은 다음과 같이 평행사변형을 제거해보면 쉽게 확인할 수 있다.

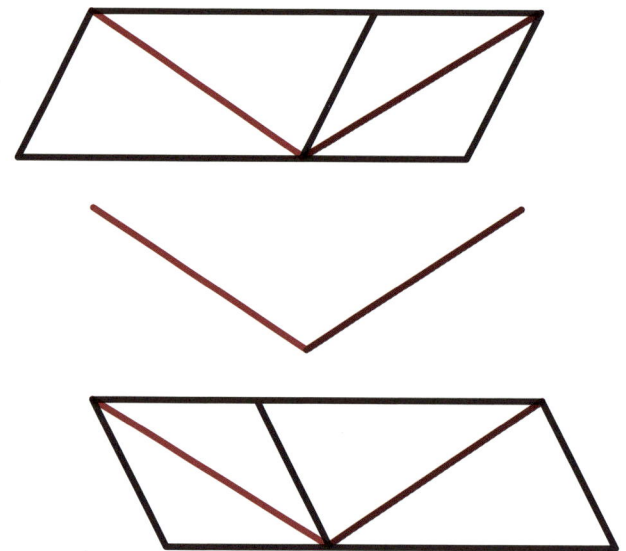

재미있는 것은 오른쪽 선과 왼쪽 선을 둘러싸고 있는 평행사변형을 반대방향으로 그리면 이번에는 왼쪽 선이 아닌 오른쪽 선이 더 길어 보인다는 사실이다. 이렇게 우리의 생각은 주변 상황이나 환경에 쉽게 영향을 받고 착각한다. 그래서 자신의 생각을 자주 확인해봐야 한다.

비판적 사고법

다음과 같은 자동차 관련 뉴스를 살펴보자. 다음 뉴스들은 실제 신문에 나왔던 뉴스라고 한다.

1. 집 근처에서 운전하는 것이 고속도로에서 운전하는 것보다 더 위험하다. 교통사고가 일어난 위치를 통계 낸 자료에 따르면 자동차 사고의 대부분이 운전자의 집 근처에서 일어났다. 고속도로에서 일어나는 사고는 전체 사고에서 차지하는 비율이 상대적으로 낮았다. 따라서 집 근처보다는 고속도로가 더 안전하다.
2. 어떤 조사에 따르면 자동차 사고로 죽은 운전자 10명 중 6명이 안전띠를 매고 있었고 4명은 그렇지 않았다. 따라서 운전 중 안전띠를 매지 않는 것이 더 안전하다.
3. 여자는 남자보다 운전을 더 잘한다. 교통사고를 낸 사람들의 통계자료를 보면 전체 교통사고는 대부분 남성 운전자에 의해서 일어난다. 대부분의 여성 운전자는 교통사고를 내지 않는다. 따라서 여자는 남자보다 운전에 더 소질이 있다.

위에 나온 어처구니없는 말들이 실제로 신문이나 몇몇 매체에 진지하게 소개된 적이 있다. 다른 사람의 말이나 통계자료를 비판적인 사고를 거치지 않고 그냥 받아들였기 때문에 잘못된 결론을 도출한 것이다. 가령, 교통사고가 집 근처에서 더 많이 일어나는 것은 그곳을 더 많이 다니기 때문이다. 안전띠 역시 대부분의 사람들이 안전띠를 매고 있기 때문에 교통사고를 당한 사람들 중에 안전띠를 매지 않은 사람보다 안전띠를 맨 사람의 숫자가 더 많은 것이다. 또 교통사고 운전자의 경우 실제 운전하지 않고 면허만 발급받고 운전을 하지 않는 여자들이 많기 때문에 여자들의 교통사고가 적은 것도 당연한 일이다.

비판적 사고 없이 그냥 숫자를 보면 엉뚱한 결론을 내리게 된다. '지난해 발표된 연구보고서에 따르면 우리나라의 매년 혼인한 2쌍중 1쌍이 이혼한다'는 기사는 맞는 것일까? 통계자료를 잘못 인용해 '2쌍 중 1쌍이 이혼하고 있다'라는 잘못된 판단을 내리는 사람들도 많다. 물론 통계청에서 조사한 숫자가 틀린 것은 아니다.

통계가 잘못된 것이 아니라 통계의 해석이 틀린 것이다. 2013년 혼인 건수는 32만 2,800건이고 이혼 건수는 11만 5,300건이다. 이 수치를 보고 우리나라 이혼율은 35.7%라고 성급한 판단을 내리면 안 된다. 여기서 혼인 건수는 2013년 혼인 신고한 신혼부부를 의미하며 이혼 건수는 이들이 아닌 2013년 한 해 전체 이혼한 부부들의 이야기다. 즉, 혼인과 이혼은 다른 사람의 수치인 것이다.

빅데이터가 현명함을 주는 것이 아니다. 빅데이터의 올바른 해석이 현명함을 만드는 것이다. 그렇다면 올바른 생각은 무엇일까? 국제 통계 기준인 조租이혼율을 따져봐야 한다. 2013년 기준 인구 1,000명당 이혼 건수는 2.3건이다. 안타깝게도 조이혼율로 따져보아도 다른 나라와 비교할 때 우리나라의 이혼율이 높은 수준인 것은 사실이다. 하지만 앞에서 이야기한 2쌍 중 1쌍의 비율은 아니다.

이처럼 자신의 생각을 확인하는 비판적 사고는 맹목적으로 상대의 의견에 동조하기보다는 주체적이고 주도적인 생각을 하는 것이다. 남의 말에 무조건 고개를 끄덕이는 것이 아니라 그것이 맞는지 틀린 것인지를 따져보고 생각해보는 것이다.

비판 vs 비난

> 비판적 사고의 사전적 정의는 '사물의 옳고 그름을 가리어 판단하거나 밝히는 것'이다. 우리가 주의해야 할 것은 비판과 비난을 구분하는 것이다. 비난은 '남의 잘못이나 결점을 책잡아서 나쁘게 말하는 것'이다. 비난은 감정적이고 부정적인 의미가 있다. 하지만 비판에는 부정적인 의미가 전혀 없다. 올바른 비판을 하기 위해서는 감정을 배제해야 한다. 단지 옳고 그름을 분석하고 판단만 하는 것이 비판적 사고다. "비난은 하지 말고, 비판을 하라"는 말을 우리는 자주 한다. 나의 생각도 다른 사람의 의견도 비판적으로 바라볼 때 더 좋은 생각으로 발전하는 것이다.

생각을 확인하는 가장 좋은 방법은 질문을 하는 것이다. 때때로 의도적으로 "왜?"라는 질문을 던져보는 것이다. 당연한 상식에 "왜?"라는 질문을 던지는 것이다. 가령, 사람들은 '고객은 왕'이라고 한다. 기업가는 고객을 왕으로 생각하는 마인드를 가져야 성공한다고 생각한다. 이것이 당연한 것이고 상식이다. 하지만 어떤 회사들은 "왜 고객이 왕이지?"라는 질문을 한다. 그들은 "직원이 왕이다"는 결론을 낸다. 실제로 많은 글로벌컴퍼니들이 직원들을 위한 서비스를 늘리고 정말 왕처럼 대한다. 직원들에게 복지와 혜택을 주며 왕처럼 대함으로서 직원들이 자신의 일에 몰입해 더 좋은 성과를 올리게 하는 것이다.

작은 규모로 장사를 하는 곳도 마찬가지다. '손님은 왕이다'는 슬로건으로 종업원을 교육시키는 사장이 있다. 반면, 어떤 사장은 손님도 중요하지만 실제로는 '직원이 왕이다'는 신뢰감을 직원들에게 준다. 손님과 종업원 간에 다툼이 생겨도 손님 편이 아닌 종업원 편을 든다. 이렇게 장사하는 사장은 한두 번 손님을 잃을 수 있고 손해를 볼 수도 있다. 하지만 자신을 신뢰하는 사장에게 충성심을 갖게 된 종업원들이 자기 가게처럼 더 열심히 일해 장기적으로는 매출을 더 올릴 수도 있다.

남들이 하듯이 따라 하고 남들이 좋다고 하는 것을 따라 하기보다는 "왜 그렇게 하는 걸까?"라는 질문을 반드시 해야 한다. 특히 비즈니스에서는 그런 질문을 던져 남들과 다른 답을 찾는다면 거기에 큰 기회가 있다.

플러스 사고를
하라

 수직적 사고를 하는 사람들 vs 수평적 사고를 하는 사람들

다음의 심리 테스트를 해보자. 다음 그림의 남자는 정면을 보고 있는가? 측면을 보고 있는가?

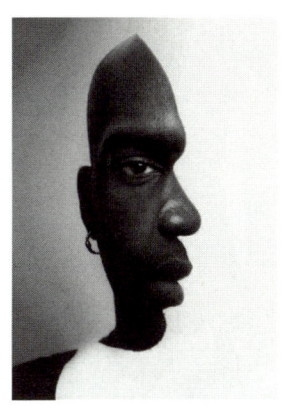

사진 출처 : 구글 검색

이 테스트의 결과는 다음과 같은 결론을 이야기한다.

1. [정면]을 선택한 당신은?

당신은 논리적으로 상황을 분석하고 판단하는 능력을 가지고 있는 전략가입니다. 성급한 결정을 내리지 않고 문제의 모든 측면을 검토하며 확실한 근거를 토대로 자신의 의견을 단단하게 구축해 나아갑니다. 뛰어난 통찰력을 가지고 있으며 문제나 장애물이 다가와도 웬만해서는 포기하지 않고 도전하는 당신. 이러한 당신의 책임감과 자신감은 속해 있는 집단 안에서 가장 뛰어난 리더로 인정받게 도와줄 것입니다.

2. [측면]을 선택한 당신은?

당신은 주위의 사물을 언제나 새로운 측면에서 바라보고 혁신적인 아이디어를 만들어내는 개성파입니다. 생각이 유연하며 커뮤니케이션 능력이 뛰어나기 때문에 남들은 자기도 모르는 사이에 당신에게 많은 영향을 받게 됩니다. 남들과는 전혀 다른 관점으로 문제에 다가가며 아무도 예상치 못한 방안을 제시하는 당신. 당신은 자신이 가지고 있는 번쩍이는 아이디어와 창조적인 기질을 통해 예술이나 기획 분야에서 자신의 능력을 한껏 뽐냅니다.

이 테스트를 보면서 '당신은 이런 사람이다'라는 결론을 보는 것은 재미있을 것이다. 그런데 이런 결론은 사실 특별한 의미가 없다. 이것이 잘 만들어진 테스트라면 우리가 얻을 수 있는 진짜 교훈은 [정면]을 선택한 사람과 [측면]을 선택한 사람을 나눈 분류이다. 앞의 테스트에서는 정면을 선택한 사람을 논리적이고 분석적인 사람으로, 측면을 선택한 사람을 유연하고 개성 있는 사람으로 나눴다. 이것은 수직적인 생각을 좋아하는 사람과 수평적인 생각을 좋아하는 사람으로 나눈 것이다.

생각은 크게 '수직적인 생각'과 '수평적인 생각'으로 나눌 수 있다. 논리적이고 분석적으로 하나의 방향으로 깊이 있게 생각하는 것을 수직적인 사고라고 한다면, 다양한 가능성을 열어놓고 여러 방향으로 생각하는 것을 수평적인 사고라고 한다. 창의력 전문가 에드워드 드 보노 Edward de Bono가 창의력은 기존의 논리적 사고(수직적 사고)가 아닌 수평적 사고에 의해 증가된다는 수평적 사고 개념을 제시한 이후 일반적으로 창의성을 이야기할 때는 수평적인 사고를 많이 강조한다. 하지만 비즈니스의 창의성을 만들어야 하는 우리는 두 가지 종류의 생각을 모두 해야 한다. '수직적 사고 + 수평적 사고 = 플러스 사고'를 해야 하는 것이다.

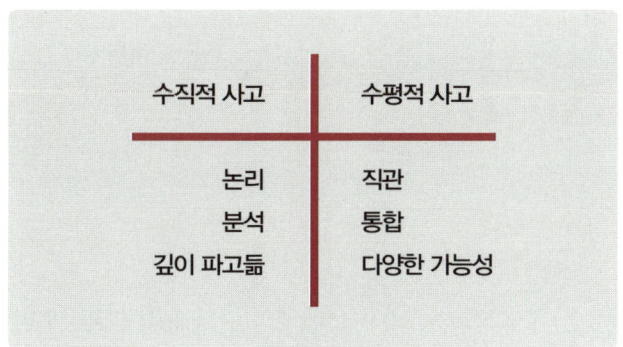

수직적 사고와 수평적 사고의 사례를 셰익스피어의 소설 《베니스의 상인》에 나오는 이야기로 살펴보자. 악덕 고리대금업자가 돈을 제때 갚지 못한 주인공에게 약속대로 살 1파운드를 달라고 재판을 한다. 재판을 맡은 정의롭고 현명한 재판관이 논리적이고 분석적인 생각만

했다면 그는 돈의 대가로 살 1파운드를 요구하는 계약은 처음부터 잘못됐다고 지적할 것이다. 하지만 소설 속의 재판관은 또 다른 가능성을 생각하는 유연한 사람으로 '살 1파운드는 계약대로 가져가되 계약에 없는 피는 한 방울도 흘리게 하면 안 된다'고 못 박으며 주인공을 위기에서 구한다.

이렇게 다른 가능성을 생각하는 것이 수평적 사고이다. 비즈니스에서는 유연하게 다른 가능성을 생각하는 것이 필요하고, 그것을 현실에 맞게 실행하는 것도 필요하다. 그런 의미에서 수평적 사고를 실제로 완성시키는 수직적 사고도 반드시 필요한 것이다.

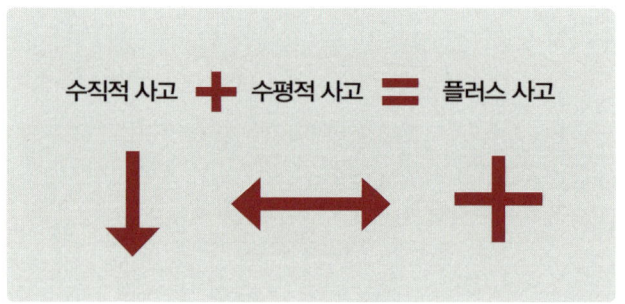

전구를 만드는 한 회사의 컨설팅 사례를 소개한다. 세계 제일의 전구 브랜드를 자랑하는 이 회사는 중국의 저가제품이 밀려오면서 매출이 감소하기 시작했다. 중국의 저가제품 때문에 고전하는 것은 많은 회사들이 공통적으로 겪는 문제일 것이다. 이 회사 역시 중국 저가제품의 공세에 대비해 어떤 방안을 만들어야 했다. 당신이라면 이 문제를 어떻게 해결하겠는가?

저가제품에 맞서서 제품단가를 낮춰 가격 경쟁을 하거나 품질을 올려서 경쟁력을 확보하는 것은 논리적이고 분석적인 수직적 사고방식의 접근이라고 할 수 있다. 이 상황에서 다른 시각으로 접근해 전구의 디자인을 다양화하거나 맞춤으로 제공하거나 또는 전구의 새로운 기능을 넣는 것을 생각한다면 수평적인 사고방식이다.

"저희는 전구를 파는 회사가 아닙니다. 저희는 빛을 파는 회사입니다." 한 회사에서는 실제 이런 광고를 한 적이 있다. 전구에서 나오는 빛에도 품질이 있고, 생수의 브랜드를 따져서 사먹는 것처럼 전구도 빛의 품질에 따라 선택해야 한다는 전략을 적용한 것이다. 광고에 어린 아기들을 등장시켜 하루 종일 누워 있는 아기들은 품질이 좋은 빛을 보는 것이 좋다는 광고를 내보냈고, 이 전략은 성공적이었다.

 ## 수평적 의사소통을 하라

창의적이고 혁신적인 성과를 올리기 위해서는 개인의 창의성이 필요하고, 그것을 꽃 피울 수 있는 창의적인 조직문화가 반드시 필요하다. 개인의 창의성과 창의적인 조직문화 중 무엇이 창의적인 성과에 더 많은 영향을 미치는가? 이 질문에 많은 사람들은 창의적인 조직문화를 꼽는다. 아무리 창의성으로 무장한 개인이라도 조직의 문화가 그런 창의성을 발휘할 수 없는 환경이라면 창의적이고 혁신적인 성과는 기대할 수 없다. 반면, 개개인이 높은 창의성을 갖고 있지 않더라도 창의적인 조직문화가 있는 집단은 창의적이고 혁신적인 성과를 올린다는 것이다. 중요한 것은 창의적인 조직문화다.

창의성을 대표하는 키워드 중 하나는 르네상스다. 중세 시대 각자의 영역에 머물러 있던 다양한 사람들이 도시를 중심으로 만나고 교류하고 섞이기 시작하여 창의성을 꽃 피우면서 르네상스가 시작되었다. 혼자서 고립되는 것보다 다양한 사람들과 연결되어 교류하고 협력할 때 창의성을 발휘할 수 있다. 그런 관점에서 우리가 주목해야 할 키워드가 소통과 협력이다. 한 조직 안에서 구성원들의 소통과 협력을 이끌어낼 수 있는 조직문화가 중요한 것이다. 그것이 창의성을 만든다.

조용한 도서관보다는 북적거리는 시장에 창의성이 있다.

창의적인 조직문화를 만든다는 것은 르네상스와 같은 환경을 만드는 것이다. 도시가 형성되며 다양한 사람들이 교류하기 시작한 것처럼 조직원들이 자신의 생각을 표현하고 교류하며 활발하게 소통할 수 있는 제도적인 장치가 필요하다.

조건을
재설정하라

 창조적 생각을 가로막는 조건의 함정

이런 질문을 해보자.

"골프공을 가장 멀리 친 기록은 얼마일까?"

골프공을 가장 멀리 친 기록은 타이거 우즈 같은 한 골프 선수가 드라이버로 400m쯤 친 것이다. 하지만 인류 역사상 가장 멀리 골프공을 친 사람은 6번 아이언으로 대략 4km 정도를 쳤다고 한다. 말도 안 되는 이 이야기는 사실이다. 그는 달에서 골프공을 쳤기 때문이다. 앨런 셰퍼드Alan Bartlett Shepard Jr는 1971년 아폴로 14호의 선장으로 달에 갔다. 골프광이었던 셰퍼드는 아이언 채와 골프공 2개를 가지고 달에 착륙했다. 그는 달에서 골프를 친 최초의 사람이 되었다.

골프공을 가장 멀리 친 기록을 물었을 때 어디에서 무엇으로 골프공을 쳤는지에 대한 조건이 없었다. 하지만 이런 질문을 들으면 우리는 자신이 알고 있는 조건의 틀 안에서 생각한다. 내가 알고 있는 골프장에서 내가 아는 방법으로 골프공을 치는 것만 생각하게 된다. 그런 조건이 없는 경우에도 말이다. 유연하게 생각하는 가장 기본적인 방법은 없는 조건을 만들지 않는 것이다. 다음은 없는 조건을 설정하는 것을 지적하는 대표적인 질문이다.

"아버지와 아들이 차를 타고 가다가 교통사고가 났다. 둘은 크게 다쳐서 각자 다른 병원으로 옮겨졌다. 아들이 후송된 병원의 응급실에 막 도착한 의사가 크게 소리치며 말한다. '난 내 아들을 내 손으로 수술할 수는 없다. 다른 의사를 빨리 불러 달라.' 어떻게 된 일일까?"

아들의 아버지도 크게 다쳐서 다른 병원으로 후송되었는데 어떻게 의사가 환자를 자신의 아들이라고 하는가? 이것은 의사가 환자의 엄마였기 때문이다. 이 질문은 '의사는 남자다'라는 고정관념을 지적하는 문제다. 이렇게 우리는 없는 조건을 생각하는 경우가 많다.

유연한 생각을 하기 위해서는 첫째, 없는 조건을 설정하지 않아야 한다.

둘째, 조건이 바뀐다는 사실을 생각해야 한다. 시간이 지나고 때로는 장소가 바뀌면서 조건이 바뀐다. 그렇게 조건이 바뀌면 전혀 다르게 접근해야 한다.

셋째, 조건에 대해서 다르게 생각해야 할 것은 내가 조건을 바꿔보는 것이다. 새로운 것을 하기 위해서는 다른 사람들이 설정한 조건 안에서만 생각하는 것이 아니라 여러 조건들 중 내가 바꿀 수 있는 것을 찾아 적극적으로 바꿔보는 과정이 필요하다.

'당신의 몸은 나의 캔버스다Your body is my canvas'라는 주제로 TED에서 강의를 한 화가 알렉사 미드Alexa Meade의 사례를 소개한다. 먼저 그녀의 작품을 살펴보자.

사진 출처 : 구글 검색

왼쪽은 완성된 작품이고, 오른쪽은 그녀가 작품을 만드는 과정을 보여주고 있다. 그녀의 작품 특징은 캔버스에 그림을 그리는 것이 아니라 사람의 몸에 직접 그림을 그린다는 점이다. 알렉사 미드는 바디 페인팅 아티스트로 그녀의 캔버스는 사람의 몸이다. 사람의 신체를 이용해 그 위에 아크릴로 페인팅을 해서 그림을 그리고 그것을 사진으로 찍어서 작품을 완성시킨다. 그녀는 캔버스 위에 그림을 그린다는 조건을 바꿔서 사람의 몸에 직접 그림을 그리며 독특하고 인상적인 작품들을 만들어내고 있다.

제로베이스에서 생각하라

'크리에이티브'라고 하면 상상하거나 엉뚱하게 생각하는 것이 가장 먼저 떠오를 것이다. 다르게 생각하며 새로운 생각을 만드는 것이 창의력이기 때문이다.

그런데 없는 것을 상상하는 것보다 중요한 것은 있는 것을 다시 보는 것이다. 있는 것을 다시 보며 하나하나 확인해볼 때 고정관념이나 잘못된 상식에서 벗어나 새로운 생각을 더 쉽게 할 수 있기 때문이다. 가령, 2002년 월드컵 때 히딩크 감독을 생각해보자. 그가 한국 선수들의 경기를 지켜보며 한 말은 "한국 선수들은 기술은 아주 좋다. 하지만 체력이 약하다"였다. 기존 한국 축구에 대한 상식과는 정반대 의견이었다. 우리나라 사람들은 "한국 선수들은 정신력이 강해서 체력은 문제가 없는데 선진 축구를 배우지 못해서 기술이 떨어진다"고 생각했다. 하지만 히딩크는 한국 축구선수가 경기하는 비디오를 보여주며 한국 축구의 문제를 다르게 지적했다. 우리가 갖고 있었던 고정관념을 외국인 감독은 제로베이스로 생각하고 확인했던 것이다.

"없는 것을 상상하기 전에
있는 것을 확인한다."

어떤 사람들과 일을 해보면 항상 이상적이고 추상적인 이야기만 한다. 그렇게 구체적이지 못한 생각으로는 지금의 현실에 적용할 수 있는 아이디어를 만들 수 없다. 중요한 것은 지금 현실적으로 문제를 해결할 수 있는 아이디어를 만드는 것이다. 스탠포드 대학의 벤처기업 임브레이스Embrace가 만든 매우 실용적이고 간단한 인큐베이터 인펀트워머infant warmer를 살펴보자.

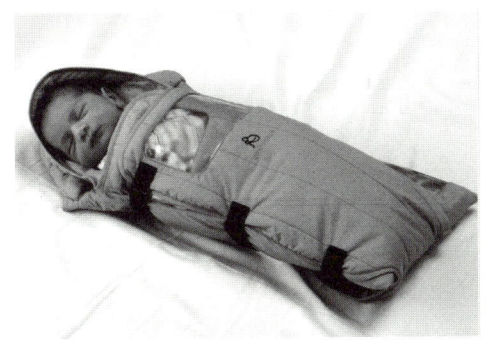

사진 출처 : 구글 검색

　WHO에 따르면 한 해에 태어나는 조산아의 수는 2,000만 명에 이른다. 그 중 상당수가 인도 어린이다. 조산아들은 몸을 따뜻하게 할 피하지방이 거의 없기 때문에 인큐베이터에 넣지 않으면 생명이 위험해진다. 하지만 인도를 비롯한 아프리카 같은 가난한 나라의 시골마을에는 인큐베이터도 없고 인큐베이터를 돌아가게 할 전기도 없는 실정이다. 더구나 외딴지역 사람들은 문화적인 차이로 갓 태어난 아기를 다른 사람들에게 노출하는 것을 극도로 싫어하는 실정이다. 그들을 위해 개발된 인큐베이터가 바로 임브레이스 인펀트워머이다. 임브레이스는 인큐베이터의 핵심이 '온도'임을 깨닫고 체온과 비슷한 열을 내는 왁스 파우치가 내장된 '포대기'를 개발했다. 파우치는 탈부착이 가능하고 끓는 물에 넣어주면 50번까지 재활용이 가능하다. 전기도 필요 없다. 가격은 우리 돈으로 20만원 정도라고 한다.

새로운 아이디어는 현실을 기반으로 만들어진다. 고객의 특별한 현실을 파악할 수 있어야 그들을 위한 특별한 상품과 서비스 아이디어를 만들 수 있는 것이다.

디자인댓매터스design That Matters라는 비영리기관의 티모시 프레스테로Timothy Prestero가 만든 새로운 인큐베이터를 살펴보자. 개발도상국에는 냉장고나 전자레인지 등 선진국에서 사용하는 기계제품들이 거의 없다. 하지만 대부분 자동차는 있다. 자동차를 수리할 수 있는 부품 또한 어느 곳에서든 구할 수 있다. 프레스테로는 이 점에 주목해 자동차 부품만으로 인큐베이터를 만들어냈다.

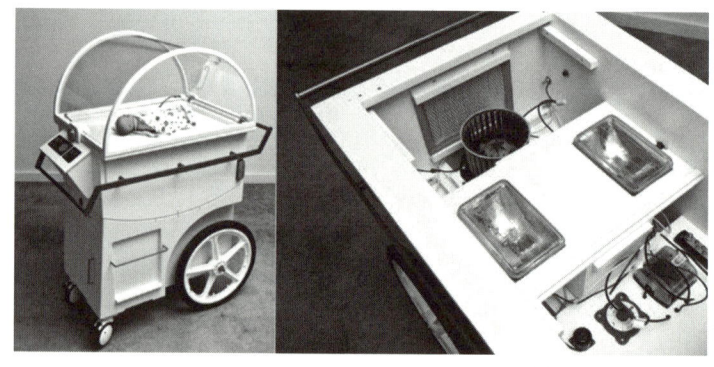

사진 출처 : 구글 검색

자동차 배터리로 작동하는 이 인큐베이터는 팬도 있고 따뜻하게 해줄 전조등도 있다. 자동차를 수리할 수 있는 사람이라면 이 인큐베이터가 고장 나도 수리할 수 있도록 디자인했다. 이것이 바로 현실을 고려한 아이디어이고, 현실에서 만들어지는 아이디어다.

'제로베이스로 생각하자'는 말을 많이 한다. 기존의 방식이나 틀에서 벗어나기 위해 상식 제로에서 생각하자는 것이다. 우리는 알게 모르게 기본적인 가정을 한다. 일정한 생각의 틀을 갖는다. 그것이 현실적이고 일상생활을 효과적으로 살아가는 방법이다. 하지만 때때로 생각 실험을 하는 것처럼 상식을 버리고 생각의 틀을 갖지 않고 어떤 이슈를 생각하는 것이 필요하다.

다르게 생각하는 연습

4강

생각을 연결하며
아이디어를 만들어라

_ 생각의 공식 3

창의력은
생각의 연결에서 시작된다

 독창적인 아이디어를 만드는 연결의 힘

"창의력이란 연결하는 능력이다."

스티브 잡스의 명언이다. 서로 연관이 없어 보이는 것을 연결하는 것은 새로운 것을 만드는 대표적인 방법이다. 이것저것 또는 전혀 상관없어 보이는 것들을 연결해 새로운 것을 만드는 것이다.

아이디어와 가장 밀접한 연관이 있는 것 중 하나는 유머다. 유머는 그 자체가 아이디어이기 때문에 유머를 만드는 방법을 잘 살펴보면 같은 방법을 응용해 우리에게 필요한 아이디어도 얻을 수 있다. 유머를 만드는 가장 대표적인 방법은 연결이다. 서로 상관없어 보이는 몇 가지를 연결해 재미있는 아이디어를 만드는 것이다. 다음과 같은 것이 대표적인 방법이다.

어떤 그림에 적절한 말을 가져다 붙이는 것도 연결이라고 할 수 있다. 언어와 그림의 연결은 매우 강력한 힘을 갖는다. 다음 사진을 보자.

사진 출처 : 트위터 계정 @hepologic

이 사진 밑에 어떤 사람이 이런 제목을 붙였다.

'달이 미쳤다.'

'달이 미쳤다'는 제목을 보고 나니 전봇대에 있는 5줄의 전기선이 정말 오선지의 다섯줄로 보인다. 서로 다른 것을 적절하게 연결하며 '미쳤다'의 이중적인 의미까지 이용한 재미있는 유머다. 음악의 '미'와 제정신이 아니다는 '미쳤다'의 '미'를 이중적으로 사용한 것이 바로 연결인 것이다.

일반적으로 하나의 아이디어는 또 다른 연결고리를 갖는 아이디어를 만든다. 연결이라는 키워드로 생각하면 이것도 아이디어를 만드는 핵심적인 방법이다. 위의 '달이 미쳤다'는 사진을 보며 어떤 사람이 이런 질문을 했다.

"200년 전에 살았던 모차르트가 그린 미래도시의 모습이 있다고 하는데 상상이 가나요?"

나는 전혀 상상할 수 없다고 대답했다. 그가 보여준 모차르트가 직접 그린 미래도시의 모습은 다음과 같다.

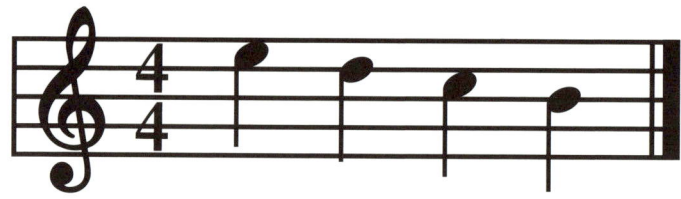

나에게 질문을 하며 그림을 보여줬던 사람은 '미레도시'와 '미래도시'가 같은 발음인 것을 이용했다. 이처럼 발음이 같다는 연결고리로 새로운 아이디어를 만들 수도 있다. 핵심은 연결인 것이다.

서로 어울리지 않는 것을 연결하면 연결할수록 더 독특하고 더 새로운 것이 만들어진다. 다음의 수학공식을 보자. 이 공식의 의미를 한 번 생각해보라. 어떤 의미의 공식일까?

$$W = \frac{1}{2}M + 10$$

한 젊은이가 집을 떠나서 외국에 유학을 가게 되었다고 한다. 그의 아버지는 위의 공식을 종이에 써주며 이렇게 이야기했다. "여자를 만날 때에는 남자 나이의 절반에 10살 더 많은 나이의 여자를 만나면 좋다." 이 공식에서 W는 '여자의 나이'이고 M은 '남자의 나이'를 의미한다. 가령, 18살 소년은 위의 공식에 의하면 1살 많은 19살 소녀를 만나면 좋다. 20살에는 20살을 만나고, 30살 때에는 25살 여자를 만나면 좋다는 공식이다. 우리나라 부모님들은 일반적으로 남녀가 4살 차이가 나면 좋다고 말씀하신다. 수식으로 표현해보면 'W = M - 4'의 공식을 갖는 것이다.

우리가 이런 수식을 재미있게 느끼는 것은 남자와 여자의 나이 차이 같은 가십성의 이야기를 복잡한 수식을 이용해 표현했기 때문이다. 이렇게 서로 전혀 다른 것, 어울리지 않는 것을 연결하면 새로운 재미가 생긴다. 바로 연결의 힘이다.

연결의 힘

어렸을 때 읽었던 물리학 책에는 다음과 같은 문제가 있었다.

"바다에서 수영을 하던 어떤 사람에게 문제가 생겼다. 수상 안전요원이던 당신은 그 사람에게 다음 중 어떤 경로로 가야 가장 빨리 물에 빠진 사람을 구할 수 있을까?"

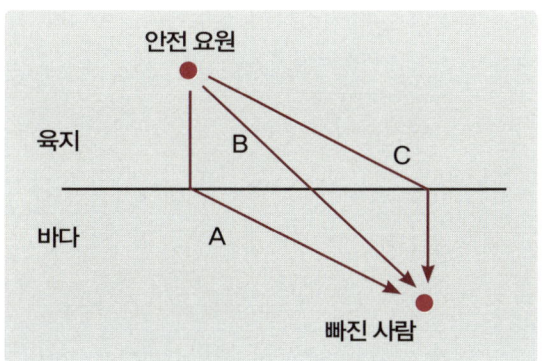

안전요원이 물에 빠진 사람을 빨리 구하기 위해서는 직선으로 달려 가야 할 것처럼 생각되므로 B가 답일 것 같다. 하지만 조건을 살펴보면 땅에서 달리는 것이 바다에서 헤엄치는 것보다 월등히 빠르다. 따라서 경험이 있는 안전요원이라면 C 경로를 따라가서 물에 빠진 사람을 구할 것이다.

그런데, 왜 물리학 책에서 이 질문을 했을까? 이유는 빛의 굴절을 설명하기 위해서였다. 우리가 물컵에 있는 물체를 보면 굴절이 생긴다. 그 이유는 공기와 물의 밀도가 달라서 빛이 굴절을 일으키기 때문이다. 앞의 문제에서 안전요원이 물에 빠진 사람을 구하기 위해 C경로로 움직인 것처럼 빛은 물과 공기를 통과할 때 굴절된다. 왜냐하면 빛도 최단경로로 움직이고 있기 때문이다.

사진 출처 : 구글 검색

우리는 어려운 현상을 설명하기 위해 좀더 쉬운 상황을 예로 들어 보여주며 그것과 연결하여 설명한다. 물리학 책에서 빛이 물과 공기 중을 이동하는 것을 땅에서 달리다 물에서 수영을 하는 안전요원의 움직임으로 연결하여 설명하는 것처럼 말이다. 약간 생소한 것 또는 익숙하지 않은 것을 내가 이미 잘 이해하고 있는 것과 연결하여 생각하는 것은 효과적으로 생각하는 생각 기술이다. 이런 연결을 통해 관점을 전환하고 새로운 아이디어를 만들게 된다.

관점을 전환한 일화 하나를 소개한다. 하버드 대학교에서 Mark I

컴퓨터로 프로그램을 개발했던 세계 최초의 프로그래머 그레이스 호퍼Grace Hopper는 일반인들에게 '나노초(nano second : 나노초는 10억분의 1초이며 슈퍼컴퓨터 내부 시계의 기본이 되는 시간 단위이다)'의 의미에 대해 설명해야 했다. 그녀는 '어떻게 하면 그 짧은 나노초를 사람들이 이해할 수 있을까?'를 고민했다. 그녀는 시간의 문제를 공간의 문제로 연결하기로 했다. '10억분의 1초 동안 빛이 이동할 수 있는 거리를 사람들에게 직접 보여주면 되겠어'라고 생각한 그녀는 30cm 끈을 하나 뽑아 들고 이렇게 말했다.

"이게 1나노초입니다."

빛이 1나노초 동안 30cm밖에 가지 못한다는 것으로 1나노초를 설명한 것이었다. 시간의 문제를 공간의 문제로 연결시키고, 또 시간을 시각화하여 사람들의 이해를 도운 것이다. 연결하여 생각하는 것은 이런 힘을 갖는다.

"우리가 사용하는 언어 중에 가장 위험한 말은
'우리는 지금까지 늘 이렇게 해왔어'라고 말하는 것이다."
– 그레이스 호퍼Grace Murray Hopper, 1906~1992

빛은 진공상태에서 대략 1초에 30만km를 간다. 하지만 대부분의 사람은 그렇게 표현하지 않는다. 숫자로 말하면 듣는 사람이 빛의 속도를 쉽게 느끼지 못하기 때문이다. 그래서 "빛은 1초에 지구를 일곱 바퀴 반을 돌 수 있다" 또는 "빛이 지구에서 달까지 가는 데 약 1.4초 정도 걸린다" 같이 표현한다. 때로는 태양에서 지구까지의 거리가 엄청나게 멀다는 것을 숫자로 이야기하기보다는 "태양에서 빛이 지구까지 도달하는데 약 8분 12초나 걸린다" 같이 표현한다. 정확한 정보는 아니어도 듣는 사람으로 하여금 쉽게 느끼게 하고 공감하게 만드는 것이다.

상대가 쉽게 이해할 수 있도록 관심이나 문제를 연결하면 좀더 쉽게 커뮤니케이션할 수 있고 더 강한 공감대를 형성하게 된다. 내가 의도하는 바를 더 잘 전달할 수 있다. 예를 들어 "피가 원활하게 흘러야 건강을 유지할 수 있는데 사람의 몸에 피가 흐르는 혈관의 길이는 10만km나 됩니다. 그 중 어느 한 곳이라도 막히면 심각한 질병이 생깁니다"라고 말하는 것으로는 상대에게 어떤 느낌을 주기가 어렵다. 그래서 사람들은 이렇게 표현하다. "우리 몸속에 있는 혈관을 늘어뜨려 보면 지구를 두 바퀴 반이나 돕니다" 같이 말이다. 이렇게 하나의 현상을 다른 것과 연결하여 설명하는 것만으로도 매우 효과적인 의사소통이 된다.

> "배는 항구에 있을 때 안전하다.
> 하지만 배는 그러려고 만든 것이 아니다."
>
> – 그레이스 호퍼

연결의 힘을 느낄 수 있는 사례를 예술 작품에서 찾아보자. 모든 예술은 새로운 것의 연결을 포함한다. 눈에 보이는 풍경과 눈에 보이지 않는 자신의 생각을 연결하기도 하고, 때로는 대중적인 문화와 예술을 연결하기도 한다. 그림의 역사에서 가장 인기 있는 작가인 고흐의 작품을 살펴보자.

사진 출처 : 위키백과

왼쪽의 작품은 1888년에 고흐가 그린 〈해바라기〉다. 일본 손해보험사인 손보재팬(옛 야스다해상화재보험)은 1987년에 영국 크리스티 경매에서 3,900만 달러(약 400억원)에 고흐의 〈해바라기〉를 사들였다. 당시 경매가 최고 기록이었다. 1990년 뉴욕 크리스티 경매에서 일본인 사이토는 8,250만달러(약 900억원)이라는 기록적인 가격으로 고흐의 〈가셰박사의 초상〉을 사들였다. 사람들은 너무 올라간 가격을 '미친 그림 값'이라고 표현했다. 당시 경매 상황을 중계하던 텔레비전 캐

스터는 '크레이지 재패니스'를 연달아 외쳤다고 한다. 일본 사람들은 부동산 호황기에 풍부했던 자금력을 앞세워 고흐의 작품들을 사들인 것이다. 일본 사람들이 유독 고흐의 작품을 좋아했던 이유는 무엇일까? 그것은 고흐가 일본과 연결되어 있기 때문이다.

　빈센트 반 고흐는 일본을 동경했다. 당시 유행했던 일본의 채색목판화 '우키요에(うきよえ, 일본의 풍속화, 일반적으로 목판화를 말한다)'에 매료되어 일본 작품들을 보고 그림을 따라 그리며 작품을 만들었다. 색이 있는 몇 개의 판을 겹치게 찍어내는 우키요에는 서양의 전통적인 회화 기법과는 판이하게 달랐다. 이 방식은 새로운 표현방식을 갈구했던 파리의 인상주의 화가들에게 큰 영향을 미쳤고, 고흐도 당시 유럽에서 유행했던 일본의 문화 영향을 많이 받았다. 1867년 파리 엑스포 일본관에서 선보였던 미술품과 공예품이 선풍적인 인기를 끌며 일본 문화는 유럽에서 '먼 이국의 세련된 무엇'을 의미하게 되었다. 고흐는 일본을 유토피아 같이 생각했다고 한다. 그래서 그는 자신의 그림에 일본을 연결시켰다. 고흐는 자신의 그림에 일본을 연결시켰고, 100년이 지나 일본의 사업가들은 자신들의 부와 고흐의 작품들을 연결시켰던 것이다.

전혀 다른 개념을
연결하는 방법

　연결하는 것이 창의성이고, 연결을 통해 새로운 아이디어가 만들어진다고 강조했다. 평소에 서로 다른 것을 연결하는 연습을 해보자. 연결을 생각할 때는 비유와 은유처럼 어떤 현상이나 사물 두 가지 사이의 공통점을 먼저 생각하는 것이 좋다. 다른 사람들이 쉽게 공통점이라고 생각하지 않는 것을 새로운 시각으로 공통되게 묶을 수 있다면 거기에 새로운 아이디어가 있을 가능성이 높다.

연결고리를 찾아라

연결은 공통점을 찾는 데서 시작된다. 가령, '남자는 배, 여자는 항구'라는 유행가 가사를 보자. 사람들이 이 유행가 가사에 공감하고 매력을 느끼는 것은 여자에게 쉽게 다가왔다 다른 여자에게 떠나는 남자들의 모습을 항구에 들어왔다가 정박하지 않고 다른 항구로 떠나는 배에 비유했기 때문이다. 남자와 여자의 관계를 배와 항구의 관계로 연결한 것이다. 남자와 여자의 관계는 배와 항구의 관계로만 연결되는 것은 아니다. 하늘과 땅의 관계로 남자와 여자를 연결하기도 하고, 아가씨와 마당쇠의 관계로 연결하기도 한다. 자동차에 있는 엔진과 브레이크로 남자와 여자를 연결하기도 한다. 다음 빈칸에 적당한 단어를 넣어보라. 남자와 여자에 대한 은유법을 만들어보는 것이다.

이런 공통점을 찾는 것은 평소 연습이 필요하다. 다양하게 생각하며 유연하게 생각하는 습관이 필요하다. 가령, '1+1 = ?'이라는 질문에 어떤 답을 넣을 수 있을까? 논리적이고 고지식한 사람이라면 '1+1 = 2'라고 말하겠지만, 유연하게 생각하는 사람들은 다음과 같이 여러 가지로 이야기한다.

- 1+1 = 1, 물방울이나 눈 덩어리 두 개가 하나로 뭉쳤다.
- 1+1 = 3, 남자와 여자가 결혼해 아이를 낳았다.
- 1+1 = 11, 이진법으로 계산했다.
- 1+1 = 스트레스, 일을 하고 있는데 또 일이 오니까 스트레스 받는다.

A와 B를 연결하는 공통점을 찾아보자. 유연하게 생각하며 공통점을 만들어보는 것이다. 이런 질문을 해보자.

(Q) 냉장고와 고양이의 공통점은?

'냉장고'와 '고양이'의 공통점은 어떤 것이 있을까? 눈에 보이는 것부터 보이지 않는 것까지 몇 가지를 소개하면 다음과 같다.

- 다리가 4개다.
- 뱃속에 생선이 들어 있을 가능성이 높다.
- 수명이 15년 정도다.
- 꼬리가 있다.
- 3글자다.
- '고'자가 들어간다.
- 어두운 곳에서 빛을 낸다.
- 여자들과 더 친숙하다.

이런 공통점 찾기는 유연하게 머리를 풀어줄 뿐만 아니라 내가 고민하는 어떤 문제의 아이디어를 직접적으로 주기도 한다. 가령, 보험설계사가 자신의 일을 좀더 효율적으로 하기 위해 고민할 때는 보험설계사인 자신의 일과 '성형외과 의사'와 공통점을 찾아보는 것이다. '자동차 F1 경기의 카레이서'와 공통점을 생각해볼 수도 있고, '방송국 PD'와 공통점을 생각해볼 수도 있다. 그렇게 공통점을 찾다 보면 처음에는 생각지도 못했던 전혀 새로운 아이디어가 만들어지곤 한다.

다음에서 제시하는 사람들의 공통점을 찾아보자.

- 택시 기사와 헤어 디자이너
- 휴대폰 판매원과 안과의사
- 초등학교 선생님과 화물차 운전자
- 우주비행사와 백화점 판매원
- 벤처 사업가와 목사
- 유치원 선생님과 변호사
- 은행원과 요리사
- 경찰관과 역사학자
- 개그맨과 국회의원

사람들의 다양한 공통점을 찾아보자. 보이는 것 또는 보이지 않는 것을 유연하게 생각하며 찾아보는 것이다.

우리의 일에서도 연결고리를 찾는 것이 중요하다. 구텐베르크는 포도 축제에 갔다가 포도즙 짜는 기계를 보고 자신이 고민하던 인쇄기의 결정적인 아이디어를 얻었다. 헨리 포드Henry Ford는 돼지의 도축장 시스템을 보고 자동차 만드는 일에 연결시켜 컨베이어 벨트 시스템을 만들었다.

연결을 잘하기 위해서는 회사 밖에서의 다양한 경험이 필요하다. 원두커피를 팔던 스타벅스가 출시한 1회용 커피 비아VIA는 영국 등에서 기대를 뛰어넘는 판매실적을 올리고 있다. 그런데 어떻게 원두의 향과 맛을 잘 살려서 1회용으로 포장할 수 있었을까? 스타벅스의 연구개발실장은 생물학자 출신의 돈 발렌시아란 사람이다. 그는 적혈구를 냉동건조하는 기술을 개발했는데, 그것을 커피에 적용해 스틱 포장 형태의 1회용 인스턴트커피 비아를 만들었다고 한다.

인생에 도움이 되는 좋은 이야기를 들어도 그것을 나의 상황에 연결시켜 적용해야 진정한 교훈이 되고 깨달음이 된다. 업무 밖의 다양한 경험을 하고 유연하게 생각하며 그것을 자신이 고민하는 문제에 연결시켜보자.

닮은 것이 없는 것에서 남들이 발견하지 못하는 유사점을 찾는 것이 바로 창의성이다. 얼마 전 페이스북에서 본 재미있는 연결 하나를 소개한다. 한 여자가 자신의 남편에게 이런 메시지를 남겼다고 한다.

"당신은 언제나 나에게 로또 같아요. 항상 꽝이죠."

 사람의 연결, 그리고 창의성

생각을 연결하는 가장 좋은 방법은 사람이 연결되는 것이다. 여러 가지 생각들이 연결되고 새로운 생각을 만들기 위해서는 먼저 생각이 모일 수 있도록 사람이 연결되는 것이 필요하다. 세상에 없는 독창성은 천재의 머릿속에서 스파크를 일으키며 만들어지지 않는다. 여러 사람들의 이야기가 만나서 연결되며 만들어지는 것이다.

창의성에 대해 사람들은 팀 플레이라는 말을 많이 한다. 새로운 협력이 더 창의적인 결과물을 만든다. 그래서 다른 분야의 전문가들과 연결되고 협력해야 한다.

가령, 갑골문자를 연구하는 사람들은 의사들과 공동연구를 하는 경우가 많다고 한다. 연구자들은 세계적인 네트워크를 형성해 고대 문명의 비밀을 파헤치는 연구를 진행하고 있다. 그들이 갑골문자를 해석하며 알게 된 것은 대부분의 기록들이 병을 낫게 해달라는 기도문이라는 사실이다. 그래서 갑골문자를 해석하면 중국의 고대 왕조 은나라 사람들이 어떤 병을 앓았는지 파악할 수 있다고 한다. 반대로 병에 대한 지식이 많으면 갑골문자에 남은 기록들을 더 정확하게 유추할 수 있다. 그 결과 고대 중국인들이 앓았던 병을 중심으로 그들의 생활을 파악하기도 하고, 고대인과 현대인들의 병을 비교하는 연구를 고고학자들과 의사들이 공동으로 수행한다는 것이다. 이렇게 서로 다른 경험을 가진 사람들의 협력이 창의적인 생산성을 만드는 것이다.

나와 다른 경험과 아이디어를 가진 사람이 연결되어 새로운 생산성을 만든 사례를 '무데뽀'에서 찾아보자. 아무런 대책도 없으면서 겁 없이 무식하게 막무가내로 덤벼드는 사람에게 '무데뽀'라는 말을 쓴다. 무데뽀는 일본어인 '무뎃포'에서 온 말인데, '뎃포'는 조총이라고 한다. '무대뽀'란 조총 없이 싸우는 사람을 의미한다. 1500년대 포르투갈 상인에게 총을 처음 전해 받은 일본의 영주는 조총의 힘으로 혼란스러운 일본의 전국시대를 통일하고 결국 조선까지 침략하는 임진왜란을 일으킨다. 당시 조총의 힘은 대단한 것이었다. 전쟁에서 이기는 핵심이 조총이었다. 무데뽀란 결국 조총 없이 조총을 가진 사람들과 싸우는 것이다. 조총을 처음 갖게 된 일본의 봉건영주를 생각해보자. 그들은 운이 좋았다. 개방적인 태도로 외부의 것을 받아들였고, 외부의 문물이 쉽게 들어올 수 있도록 사람들과의 연결도 잘되어 있었다. 반면 비슷한 상황에서 문을 닫고 외부와 자신들의 연결을 차단한 사람들은 결국 무데뽀로 싸우다 항복하고 말았다.

창의성을 발휘하려면 우리도 개방적인 마인드로 다른 사람들과 연결되어 새로운 아이디어들이 쉽게 들어올 수 있게 해야 한다. 창의적인 아이디어는 사람을 통해서 온다. 다양하고 더 많은 사람과 연결된 사람이 새로운 아이디어를 얻게 되는 것이다.

비슷한 사례를 갈릴레오 갈릴레이의 이야기에서 찾아보자. 1500년대 갈릴레이가 살았던 시기까지 사람들은 천동설을 믿었다. 천동설만을 믿던 시절 갈릴레이는 지동설을 주장한다. 그는 어떻게 지동설을 주장할 수 있었을까?

갈릴레이가 지동설을 주장할 수 있었던 것은 그가 망원경으로 하늘과 별을 봤기 때문이다. 당시 사람들이 천동설을 믿었던 이유는 눈으로 보이는 세상은 천동설로 모두 잘 설명되었기 때문이다. 그런데 갈릴레이는 당시 새로운 발명품인 망원경을 갖게 되었고, 사람들이 망원경으로 먼 산이나 옆 마을을 보고 있을 때 그는 하늘을 봤다. 별을 보고 행성들을 봤다. 하늘을 더 잘 볼 수 있도록 망원경을 개조하기도 했

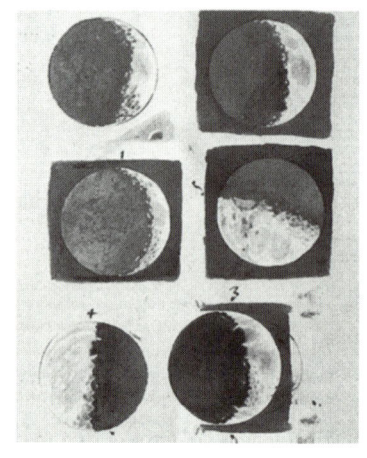 

갈릴레이가 망원경으로 본 달 스케치   갈릴레이의 망원경

다. 그는 별들의 움직임과 행성들의 움직임을 보게 되었고 천동설로는 그런 움직임을 설명하기 어렵다는 것을 알게 되었다. 갈릴레이가 발견한 별과 행성의 움직임을 잘 설명하는 것은 지동설이었다.

다시 말하면 갈릴레이가 지동설을 주장할 수 있었던 이유는 그가 더 열심히 공부하고 더 많은 생각을 했기 때문이 아니다. 그가 당시의 새로운 발명품인 망원경으로 남들이 보지 않았던 별과 행성들을 보았기 때문이다. 갈릴레이의 망원경은 앞에서 이야기한 일본 봉건 영주의 조총과 같은 것이다.

우리에게도 새로운 것을 받아들이는 과정이 필요하다. 그러기 위해서는 혼자만의 세상에 갇혀 사는 것이 아니라 개방적으로 더 많은 사람들과 연결되어야 한다. 자신에게 새로운 기회가 흘러 들어오게 해야 한다.

우리는 인류를 호모 사피엔스(Homo Sapiens, 지혜가 있는 사람)라고 한다. 놀랍게도 현재의 인류와 같은 종의 인류가 적어도 6종 이상 있었다고 한다. 그 많은 종들과 경쟁해 호모 사피엔스만이 남은 것이다. 객관적으로 비교해보면 호모 사피엔스는 네안데르탈인보다 체격이 작고 힘도 약했고, 호모 에렉투스보다는 손 기술이 부족했다고 한다. 그런데 호모 사피엔스는 그 모든 종을 멸종시키고 지구의 주인이 되었다. 호모 사피엔스가 그렇게 할 수 있었던 이유는 더 많이 모여서 집단을 이루어 협력했기 때문이라고 한다. 약한 개체가 집단을 이루어 협력해 더 강한 힘을 발휘한 것이다. 협력이 생존을 가능하게 하며, 협력이 새로운 성장의 기회를 만든다. 누군가의 번뜩이는 아이디어도 사실 개인의 것이 아닌 문화적인 협력의 산물이다. 우리가 먼저 해야 할 일은 협력을 만드는 것이다.

물리적으로, 개념적으로
뒤섞어라

 물리적 연결, 개념적 연결

연결이라고 하면 단순하게 눈에 보이는 것을 연결하는 것을 생각할 수 있다.

'연필 + 지우개', '휴대폰 + 카메라', '신발 + 바퀴'.

눈에 보이는 연결을 '물리적인 연결'이라고 할 수 있다. 물리적인 연결은 때로는 약간의 변형으로 이루어지기도 한다. 예전에 아이스크림을 팔던 사람이 있었다. 하루는 아이스크림은 남았는데 아이스크림을 담아서 팔던 접시가 다 떨어져서 더 이상 아이스크림을 팔 수 없었다. 그는 즉흥적으로 옆 와플 가게에 가서 와플을 얻다가 그 위에 아이스크림을 담아 팔았다. 즉흥적으로 아이스크림을 와플에 담아서 팔았는데 손님들은 모두 만족해했다. 다음날 그는 다시 정상적으로 접시를 준비해 아이스크림을 담아 팔았는데 몇몇 손님이 와플에 아이스크림을 담아줄 것을 요청했다. 아이스크림과 와플을 연결하는 것이 손님들에게 어필한다는 것을 알아챈 그는 와플을 원뿔 모양으로 만들어서 아이스크림을 안정적으로 담았다. 오늘날 우리가 아는 아이스크림콘이 개발된 것이다.

눈에 보이는 것을 연결하는 것과 다르게 눈에 보이지 않는 어떤 의미를 연결하는 것을 '개념적인 연결'이라고 할 수 있다. 실생활에서는 의미를 연결하는 개념적 연결이 강력하고 매력적인 것을 만든다. 눈에 보이지는 않지만 서로 다른 개념으로, 사람들이 연결해 생각하지 않는 것을 연결하는 것이다. 심장병 약을 만들던 사람이 자신들의 연구를 발기부전 치료에 연결시킨 것처럼 말이다. 전혀 다른 영역의 일들을 연결하는 것이 바로 창의력이다. 다음 광고를 보자.

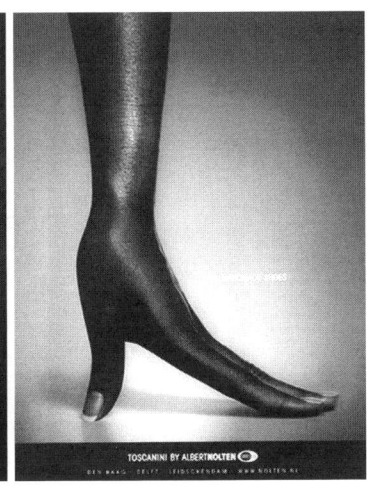

사진 출처 : 공익광고협의회　　　　사진 출처 : 토스카니니 광고

왼쪽의 광고는 2013년 공익광고 대상을 수상한 작품이다. 마네의 〈피리 부는 소년〉과 뭉크의 〈절규〉를 단순하게 위아래로 배치했다. 그리고 이런 카피가 있다.

"아름다운 선율도 아래층 이웃에게는 때론 큰 고통이 될 수 있습니다."

바로 층간 소음에 관한 광고다. 우리에게 잘 알려진 명화 두 편을 단순하게 연결시켜 층간 소음에 관한 문제를 제기하고 있는 것이다.

오른쪽 광고는 네덜란드의 구두회사에서 만든 토스카니니 수제화 광고다. 손 모양으로 구두의 이미지를 전달하면서 이 구두가 손으로 직접 만든 수제화handmade임을 광고하고 있다. 손과 구두를 연결시켜서 표현하며 손으로 직접 만들었다는 점을 강조한 것이다. 이렇게 연관이 없어 보이는 것을 연결시키면 새로움이 발생한다. 그런 새로움을 통해 가치 있는 것을 생산하는 것이 창의성을 발휘하는 실용적이며 효과적인 방법이다.

다음과 같은 제품이 실제로 있을까? 이미지로만 보면 피아노 건반을 누르면 그 음에 해당하는 '음표'가 종이에 찍힐 것 같다. 피아노 건반을 누르면 그 음에 해당하는 음표가 출력되는 기계는 컴퓨터 시스템으로는 가능할 것 같은데 옆의 이미지처

사진 출처 :
http://www.lalalacast.com/notice/3104

럼 기계식으로도 가능한지는 의문이다.

이 그림은 '피아노와 타자기'를 검색해 찾은 이미지다. 이런 제품이 실제로 있는지 그냥 합성한 이미지인지는 확인하지 못했다. 그런데 내가 '피아노와 타자기'를 검색한 이유는 타자기를 처음 발명한 크리스토퍼 숄스Christopher Sholes가 실제로 피아노를 보면서 타자기를 만들었기 때문이다. 크리스토퍼 숄스는 피아니스트가 연주하는 모습을 보며 피아노 건반을 누르면 그 건반에 연결된 작은 망치가 현을 내리쳐 소리가 나는 것을 눈여겨봤다. 그는 '피아노처럼 특정한 글자가 쓰여 있는 키를 누르면 글자가 써지는 기계를 만들어보면 어떨까?' 하고 생각했다. 글자 하나하나가 쓰여 있는 한 벌의 키에 지렛대를 연결해 특정한 키를 누르면 그 지렛대가 인쇄용 롤러를 쳐서 글자가 찍히게 만들었다. 이것이 최초의 타자기가 되었다.

사진 출처 : GS칼텍스

숄스는 글 쓰는 것과 피아노 치는 것을 연결시켰다. 피아노는 악기다. 펜은 글씨를 쓰기 위한 도구다. 이 둘의 전혀 다른 세계에 존재하

4강 생각을 연결하며 아이디어를 만들어라 **125**

는 것들이다. 하지만 그는 전혀 다른 두 가지를 의도적으로 연결해 조합했고 글 쓰는 기계에 대한 아이디어를 떠올렸다. 이렇게 전혀 다른 것을 가지고 연결고리를 만들며 조합하는 것이 바로 창의력이다. 따라서 창의력을 발휘하고 싶다면 서로 다른 것을 연결해봐야 한다. 그런 노력이 창의력을 만드는 것이다.

 ## 전혀 어울리지 않는 것을 연결해보라

한동안 미국과 영국에서는 틴벨Teenage-Bell이라는 휴대전화 벨소리 서비스가 10대 청소년들에게 선풍적인 인기를 끌었다. 이 서비스는 10대는 듣지만 30~40대는 듣지 못하는 소리를 휴대전화의 벨소리로 서비스한 것이다. 20대 이후의 성인들은 청력이 떨어져서 주파수가 8,000Hz 이상으로 올라가면 그 소리를 듣지 못한다. 1만 7,000Hz의 주파수 소리가 발생하면 10대는 듣지만 30~40대 어른들은 듣지 못한다. 간단하게 말해서 10대에게는 들리지만 30대에게는 들리지 않는 소리가 있다는 것이다. 그 소리를 휴대전화의 벨소리로 서비스한 것이다.

이런 장면을 상상해보라. 학교 교실에서 수업 중 누군가의 휴대폰 벨소리가 울린다. 교실의 학생들은 모두 낄낄거리며 웃는다. 그들이 듣는 이 휴대폰 벨소리를 선생님은 듣지 못하고 있기 때문이다. 전화를 받은 학생은 선생님 몰래 살짝 통화를 한다. 상상의 장면이 실제로 교실에서 일어나고 있다면 10대들이 그 벨소리를 좋아하는 이유를 이해할 수 있을 것이다.

이 아이디어는 모기 퇴치기에서 가져온 것이다. 모기 퇴치기라는 제품은 모기는 듣지만 인간은 듣지 못하는 주파수 대역의 소리를 발생시켜 모기를 내쫓는 제품이다. 모기 퇴치기의 아이디어가 변형되고 진화해 10대를 위한 휴대폰 벨소리 서비스가 되었다. 아이디어의 가장 큰 특징 중 하나는 지속적으로 진화한다는 것이다. 처음에는 별 볼일 없고 실용적이지 못한 생각이 몇 번의 진화를 거쳐서 획기적이고 놀랄 만한 아이디어로 태어나는 것이다.

 혈중 알코올 농도 0.07%의 비밀

미국 일리노이 주립대학의 제니퍼 와일리Jennifer Wiley 교수가 2012년 연구한 바에 의하면 사람들은 혈중 알코올 농도가 0.07%가 되면 창의적인 아이디어가 가장 왕성해진다고 한다. 혈중 알코올 농도 0.07%는 일반적인 성인 남성이 맥주 한 잔 반 정도 마셨을 때이다. 아이디어가 필요할 때에는 맥주 한 잔 반 정도를 마셔보자. 그러면 가장 좋은 질과 많은 양의 아이디어를 얻을 수 있다.

혈중 알코올 농도가 0.07%일 때 아이디어가 잘 만들어지는 이유는 무엇일까? 그것은 여유 때문일 것이다. 우리의 뇌는 특정한 생각을 할 때 지금 생각하는 주제나 분야로 생각이 집중된다. 앞에서 이야기한 것처럼 새로운 아이디어는 여러 가지 생각들이 연결될 때 얻어진다. 생각이 일정 영역에 갇히기보다는 조금은 여유를 갖고 여러 가지 생각들이 자유롭게 연결될 수 있도록 의도적으로 생각의 영역을 넓히는 것이 필요하다.

집중 vs 여유

> 전혀 상관없는 것을 연결하기 위해서는 여유가 필요하다. 한 번씩 지금 집중하는 일에서 잠시 벗어나 여유롭게 주위를 보자. 맥주 한 잔을 마시는 여유를 가져보고, 때로는 산책을 하고 때로는 영화도 보자. 집중하는 시간 중간 중간에 의도적으로 여유를 갖는 시간을 배치해보자.

여유를 갖고 주위를 보며 연결할 만한 것들을 찾아보자. 칠레 와인 회사 산 페드로San Pedro의 대표 상품인 '1865'를 보자. 와인 1865는 이 회사가 만들어진 1865년에서 온 이름이다. 하지만 1865는 '1865 = 18홀을 65타에 칠 수 있게 해주는 와인'으로 골프와 연결되어 많이 알려져 있다. 어쩌면 골프와 와인 모두 여유 있고 성공한 사람들이 즐긴다는 공통점을 연결고리로 둘을 연결시켰을 것이다.

삼성전자는 2006년 TV와 와인을 연결시켜 보르도 TV를 출시했다. 프랑스의 대표적인 와인 산업의 중심지인 보르도 지방은 축제로도 유명한 전통적인 와인 산지로 사람들에게 잘 알려진 와인들을 출시하고 있다. 삼성전자는 고급스러운 느낌의 와인과 TV를 연결시켜 자신들의 TV가 고급스러운 집안의 분위기를 연출시킨다는 점을 어필했다. 와인과 만난 TV는 전 세계적으로 어필했고 삼성전자의 TV는 세계 판매 1위를 달성하게 되었다.

와인과 골프가 연결되고, TV와 와인이 연결되는 사례들을 보면 그것들이 논리적인 구조로 연결되는 것이 아니라는 것을 알 수 있다. 와인과 골프, TV와 와인 사이에 무슨 논리적인 연결고리가 있겠는가? 만약 연결고리가 있어도 그 연결의 출발은 논리가 아니다. 출발은 느낌이나 감각 같은 것이다. 그런 느낌이나 감각을 만드는 것은 집중이 아닌 여유에서 만들어지는 것이다.

다르게 생각하는 연습

5강

생각을 뒤집으며 아이디어를 만들어라

_ 생각의 공식 4

혁신적인 아이디어는
바보 같은 생각에서 출발한다

 혁신적 아이디어의 첫인상

　혁신적인 아이디어의 첫인상은 어떤 것일까? 처음 들었을 때 "그래 바로 그거야!"라는 강렬한 인상을 기대하겠지만 대개는 "그런 바보 같은 생각이 어디 있어?"라고 사람들의 비웃음을 사는 것이 혁신적인 아이디어의 첫인상이다. CNN의 창립자 테드 터너Ted Turner의 경우도 그랬다. 그가 24시간 뉴스만 하는 TV 방송국을 만들겠다고 했을 때 많은 방송 관계자나 전문가들은 그의 생각이 터무니없는 바보 같은 짓이라고 평가했다. 하지만 지금은 각 나라별로 뉴스 전문 채널이 존재한다.

많은 혁신적인 아이디어들의 출발은 바보 같은 아이디어였다. 단순히 바보 같은 아이디어가 아니라 나름의 장점이나 의미가 분명히 있지만 현실적이지 않고 실질적이지 않은 아이디어에서 출발한다. 그런 바보 같은 아이디어가 변형되며 진화해 탁월한 아이디어가 되는 것이다. 혁신적인 아이디어의 첫인상에 대한 사람들의 이야기를 좀더 들어보자.

- 어떤 아이디어가 떠올랐을 때, 그것이 불합리해 보이지 않는다면 그것은 이미 가능성이 없다. - 알버트 아이슈타인
- 새로운 아이디어를 가진 사람은 아이디어가 성공하기 전까지는 괴짜 취급을 받는다. - 마크 트웨인
- 당신의 의견이 별나다고 해서 위축되지 마라. 지금 세상이 용인하는 의견들은 한때 이상하다고 생각되던 것들이다. - 버트런트 러셀
- 혁신적인 아이디어를 제시할 때 사람들이 비웃지 않는다면, 그 아이디어는 좋은 것이 아닐 확률이 높다. - 테드 터너
- 모든 진리는 세 단계를 거친다. 첫째, 조롱당한다. 둘째, 강한 반대에 부딪친다. 셋째, 자명한 것으로 인정받는다. - 쇼펜하우어

우리는 불합리하고 별난 새로운 아이디어를 통해 혁신적인 아이디어를 만들어가야 한다. 때로는 나의 아이디어가 다른 사람들에게 조롱당하기도 하고 강한 반대에 부딪히기도 할 것이다. 그럴 때 위축되지

말고 자신감을 갖고 자신을 믿으며 혁신적인 아이디어로 만들어가야 한다. 바보 같은 생각이 장점을 유지하면서 현실적으로 변형되고 진화되면 혁신적인 아이디어가 되는 것이다.

 '바보 같은 생각'을 현실적인 아이디어로 만드는 3Step 프로세스

사람들마다 상식적인 생각의 영역을 갖고 있다. 그 틀에서 벗어나거나 상식의 영역에서 벗어나면 우리는 자연스럽게 비판을 하게 된다. 그 틀에서 벗어난 아이디어는 바보 같다는 인상을 주게 되고, 결국 바보 같다는 생각에 아이디어를 접게 되는 경우가 많다. 하지만 세상을 깜짝 놀라게 하는 혁신은 '바보 같은 생각'에서 출발한다. 상식과는 거리가 먼 바보 같은 생각이 변형되고 진화하면 어느 순간 천재적인 아이디어로 다듬어지는 것이다. 바보 같은 생각에서 출발해 그것을 혁신적인 아이디어로 만들어가는 과정은 다음과 같은 3단계로 정리할 수 있다.

Step 1. 획기적이지만 비현실적인 생각을 던진다.
Step 2. 그 생각의 장점과 흥미로운 점을 중심으로 생각한다.
Step 3. 장점과 흥미로운 점을 살릴 수 있도록 생각을 변형시켜 아이디어를 만든다.

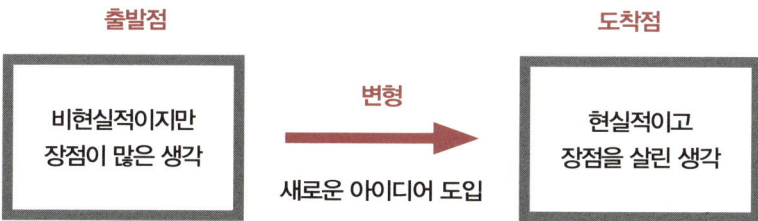

구체적인 사례에 적용해 생각해보자. 비행기를 타고 여행을 할 때 창밖의 구름 풍경은 쉽게 볼 수 없는 광경이기 때문에 항상 설렌다. 비행기 밖의 풍경을 좀더 잘 보고 싶다. 그럴 때 이런 바보 같은 생각을 해보자. "비행기 날개에 좌석이 있으면 밖의 풍경을 실컷 볼 텐데."

1. '비행기 날개 위에 좌석을 만들자'라는 비현실적인 생각을 한다.
2. 이 생각의 장점은 무엇인가? 주변 경치를 원 없이 볼 수 있다는 점이다. 밤에는 마치 우주여행을 하는 것처럼 별들을 눈앞에서 볼 수 있을 것이다. 정말 짜릿한 기분이 들 것이다.
3. 그럼 장점을 잘 살릴 수 있도록 생각을 변형해보자. 창문과는 다른 방식으로 기내에서 밖을 볼 수 있게 하는 방법을 찾아보는 것이다. 비행기 주변에 여러 대의 카메라를 설치해 좌석에 앉아서 보고 싶은 곳을 자유롭게 볼 수 있게 하면 어떨까. 기내 벽에 스마트 스크린을 설치해 원하는 사람은 넓은 화면으로 비행기 주변 360도를 모두 볼 수 있게 하는 것이다. 그렇게 하면 상당히 매력적일 것이다.

지금 이야기한 것과 같은 비행기가 실제로 개발되고 있다. 영국 프로세스 혁신센터 CPI에서 개발 중인 비행기는 창문 대신 비행기 객실 내부에 얇은 플라스틱 디스플레이가 장착되어 있어 비행기 외부 카메라를 통해 찍히는 외부 풍경을 고스란히 볼 수 있다고 한다. 창문이 없으면 비행기 동체 두께도 그만큼 얇아져서 기체의 무게를 줄일 수 있고 연료 소비도 줄어든다고 한다. 이것 역시 바보 같은 생각에서 출발한 혁신적인 아이디어인 것이다.

사진 출처 : 「시사 한겨레」 2014.12.4

생각의 도발로
아이디어 만들기

 아이디어를 내는 게 어려울 때

혁신적인 아이디어를 만드는 3Step을 살펴봤다. 그런데 3Step 프로세스에서 사람들이 가장 어렵게 생각하는 것은 첫 번째 단계인 '바보 같은' 생각을 던지는 것이다. 바보 같은 생각을 현실적이고 혁신적인 아이디어로 변형시키는 것보다 더 어려운 것이 바보 같은 생각을 시작하는 것이다. 그런 의미에서 도발이라는 단어를 생각하면 도움이 된다. 도발적으로 바보 같은 생각을 시작해보는 것이다.

미국 시티은행city bank의 한 직원이 고객을 위한 아이디어를 냈다. 고객들이 현금 인출을 위해 장시간 대기하는 것을 해결하는 방법으로

'현금 자동지급기'의 설치를 건의했다. 지금은 어느 은행이나 보편화되어 있는 은행의 현금 자동지급기의 도입을 건의했던 것이다. 은행의 경영자들은 철없는 직원의 건의를 반대했다.

"예금을 빠르게 하는 기계라면 몰라도 출금을 빠르게 하는 기계를 도입한다는 것은 결과적으로 돈이 빨리 빠져나가 예금액이 줄어들 텐데 도대체 생각을 하고 말하는 거야, 뭐야?"

그러나 현금 자동지급기의 도입을 건의한 직원의 생각은 달랐다. 고객은 빠르게 돈을 찾을 수 있는 편리한 은행에 더 많은 돈을 입금하려 할 것이라고 생각했다. 그 직원의 생각은 옳았다. 현금 자동지급기 도입으로 시티은행의 예금액은 단기간에 3배나 올랐고 창구의 인원을 줄일 수 있어 일석이조 이상의 성과를 올렸다.

시티은행의 현금 자동지급기 사례에서 아이디어를 만드는 대표적인 방법을 찾을 수 있다. '도발'이라는 방법이다. 비정상적인 생각으로 도발하는 것이다.

앞의 이야기에서 먼저 주목해야 할 부분은 '출금을 빠르고 손쉽게 한다'는 생각이다. 은행은 고객의 예금을 유치하는 곳이다. 정상적인 생각은 '어떻게 하면 더 많은 예금을 유치할 수 있을까?'에 초점이 맞춰진다.

특정 부분에 초점이 맞춰지면 그 초점 근처의 일정한 영역에서만 생각하게 된다. 그런데 사람들의 생각이 모두 일정한 영역에 머무르면 생각의 틀을 벗어날 수 없게 된다. 일정한 영역 밖의 생각을 하지 못하는 것이다. 그래서 정상적인 생각만으로는 아이디어의 한계를 느낄 수밖에 없다. 혁신적인 아이디어를 위해서는 비정상적인 생각을 해야 한다. 생각의 틀에서 도발적으로 벗어나야 한다.

 도발적으로 아이디어 만들기

사례에서 제시한 것처럼 도발적으로 아이디어를 만들어보자. 방법으로는 앞에서 말한 3Step을 밟으면 된다.

1. 비정상적인 아이디어를 무조건 던져본다.
2. 그 아이디어가 갖는 장점이나 흥미로운 점을 생각한다.
3. 장점이나 흥미로운 점을 유지하며 아이디어를 실현 가능한 것으로 변형시킨다.

혁신적인 아이디어를 만들기 위해 자신의 일에 도발적으로 비정상적인 생각들을 던져보자. 예를 들어보면 이런 것이다.

- 회사 : 직급이 올라갈수록 월급을 적게 받는다.
- 슈퍼마켓 : 더 많이 살수록 더 적게 깎아준다.
- 팀 : 팀장이 고의로 실수한다.
- 광고 : 제품의 결함에 초점을 맞춰 광고한다.
- 레스토랑 : 손님이 내고 싶은 대로 돈을 낸다.

이런 비정상적인 생각들만으로는 아무런 아이디어가 될 수 없다. 이 비정상적인 생각들을 이제 정상적으로 만드는 노력을 해보자. 예를 들면 이렇게 할 수 있다.

- 회사 : 직급이 올라갈수록 월급을 적게 받는다.
  ⋯▸ 직급이 올라가면 월급을 줄이고, 성과급의 비중을 크게 늘려 회사 경영에 책임을 지게 한다.

- 슈퍼마켓 : 많이 살수록 적게 깎아준다.
  ⋯▸ 두루마리 휴지에 적용한다. 10롤을 사면 2% 할인해주고 1롤을 사면 10% 할인한다. 조금씩 자주 생필품인 휴지를 사게 해서 슈퍼마켓에 자주 오도록 유도한다.

- 팀 : 팀장이 고의로 실수한다.
  ⋯▸ 팀장도 인간이라는 점을 부각시켜 팀의 화합과 인간미를 이끌

어낸다.

- 레스토랑 : 손님이 내고 싶은 대로 돈을 낸다.
  ⋯▶ 요금을 선불로 받으면 손님이 내는 돈만큼 음식을 제공하고, 요금을 후불로 받으면 고급 레스토랑으로써의 차별성을 강조하는 마케팅 수단이 될 수 있다.

- 광고 : 제품의 결함에 초점을 맞춰 광고한다.
  ⋯▶ 제품에서 발견되는 모든 결함을 착실하게 고쳐나가고 있다는 것을 보여줌으로써 고객의 신뢰를 이끌어낸다. 때로는 결함이 있지만 그만큼 가격이 저렴하다는 것을 강조할 수 있다.

앞에서 제시했던 혁신적인 아이디어를 만드는 3Step에서는 바보같지만 그래도 장점이 있고 흥미로운 아이디어에서 시작했다. 그 방법이 부담스러우면 이번에는 그냥 무조건 비정상적인 생각에서 시작해보자. 그냥 도발을 하는 것이다. 도발적으로 제시한 비정상적인 생각을 합리적이고 이성적인 생각으로 연결시킬 수 있다면 매우 독특하고 새로운 아이디어를 만들 수 있을 것이다. 3Step 프로세스와 비교해보면 무조건적인 도발은 합리적인 아이디어로 연결되는데 더 많은 시간이 걸릴 수 있다. 연결이 잘되지 않을 수도 있다. 하지만 시간적인 제약이 없다면 무조건적인 도발을 활용해보라. 이것이 독창적인 아이디어를 만드는 가장 좋은 방법이다.

틀을 깨는
아이디어 만드는 법

 생각 뒤집기

로널드 레이건Ronald Reagan은 1981년 미국의 40대 대통령에 당선되었다. 당시 대통령 선거전에 나선 레이건 후보는 70세였고 그와 경쟁하던 먼데일 후보는 50대였다. 후보들의 대선 토론회에서 사회자가 레이건에게 이렇게 질문했다고 한다.

"레이건 씨, 이 대선 경쟁에서 나이가 문제되지 않을까요?"

사회자의 질문에 레이건은 즉흥적으로 이렇게 대답했다고 한다.

"나이는 문제가 되지 않습니다. 나는 상대 후보가 연소하고 경험이 얕다는 점을 정치적으로 이용하지 않을 겁니다."

이 대답을 듣고 있던 먼데일 후보는 웃음을 참지 못했다고 한다. 재미있는 유머와 위트로 현명하게 대처한 레이건은 대선 경쟁에서 승기를 잡으며 결국 미국의 대통령이 되었다.

이 이야기는 우리에게 많은 시사점을 준다. 관점을 전환하고 새로운 시각을 갖는 가장 대표적인 방법이 거꾸로 보는 것이다. '나이가 많다'는 것을 '상대가 나이가 어리다'로 관점을 전환한 것이다. 모든 것에는 두 가지 이상의 시각이 존재한다. 그래서 어떤 장점이 약점이 되기도 하고, 또 반대로 어떤 약점이 장점이 되기도 한다. 관점을 거꾸로 뒤집어 약점을 강점으로 뒤집고, 분위기를 뒤집어 대선 경쟁의 판도까지 뒤집고 대통령이 되었던 레이건처럼 도발적으로 거꾸로 뒤집어보는 시각이 필요하다.

세상을 보는 다양한 시각이 존재한다. 그런 다양한 시각들은 크게 두 가지 관점으로 나눌 수 있다. 새로운 생각들은 대부분 내가 지금 보고 있는 방향의 반대편에 있다. 그래서 내 눈 앞에 보이는 방향으로만 보는 것이 아니라 거꾸로 반대편에서 보는 것이 좋다. 거꾸로 반대편을 보자.

지구는 둥글다. 북극과 남극의 구별이 처음부터 있던 것은 아니었을 것이다. 손 위에 공을 올려놓고 위쪽과 아래쪽을 결정하기 전까지는 위아래의 구별이 없는 것처럼 말이다. 그리고 지도에서 항상 북극이 남극보다 위에 있어야 할 필요도 없지 않은가? 실제로 이런 지도를 본 적이 있다.

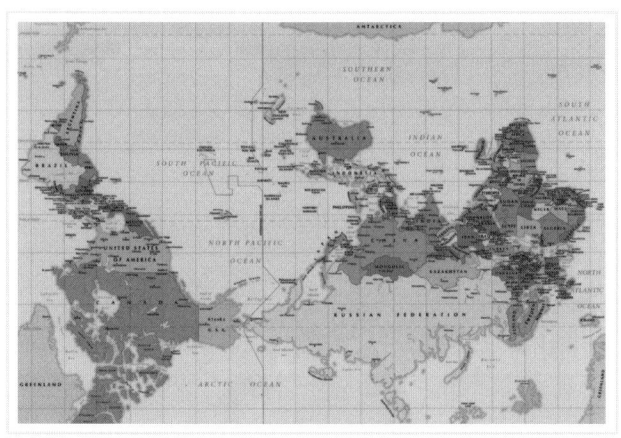

사진 출처 : 구글 검색

　이 지도에는 남극이 위에 북극이 아래에 있다. 우리가 일반적으로 보는 지도를 뒤집어 놓은 것인데, 이렇게 보는 것만으로도 세상은 달리 보인다.

　세상에 아이디어를 만드는 방법이 1,000가지가 있다면 그것들은 크게 두 가지로 나눌 수 있다. 하나는 4강에서 소개한 '생각의 연결'이고 다른 하나는 지금 소개하는 '생각 뒤집기'이다.

　아이디어 발상 기법으로 많이 활용하는 브레인스토밍을 할 때 제1원칙이 '비판 금지'이고, 제2원칙이 '결합하고 연결하는 것'이다. 4강 '생각을 연결해 아이디어를 만든다'에서 조합하고 결합하는 방법에 대해 이야기했다면, '도발적으로 아이디어를 만든다'가 역발상이라고 말하는 생각 뒤집기이다.

　생각을 뒤집으면 많은 아이디어를 만들 수 있다. 다음의 광고를 보자.

사진 출처 : 구글 검색

'등록하세요'라며 사람들을 모집하는 광고인데 자세히 보면 헬스클럽 광고가 아닌 포토샵을 가르치는 학원 광고다. 한 달 후에는 나의 몸이 왼쪽에서 오른쪽과 같이 된다는 것이 아니라, 왼쪽에 있는 사람을 오른쪽에 있는 사람으로 바꾸는 포토샵 기술을 익힐 수 있다는 내용이다. 재미있으면서 반전이 있는 광고다. 이런 생각 뒤집기가 사람들의 이목을 끄는 아이디어인 것이다.

 다이아몬드 사고법

우리가 생각을 하는 방향을 크게 두 가지로 나눠보면 '생각의 확산'과 '생각의 수렴'으로 구분할 수 있다. 새로운 아이디어를 만들고 싶다면 첫 번째 단계에서는 다양한 가능성을 고려하며 여러 방향으로 생각을 확산해야 한다. 두 번째 단계에서는 여러 가지 생각한 것들을 확인하며 현실적으로 정리해야 한다. 이것을 다음과 같은 그림으로 표현할 수 있다.

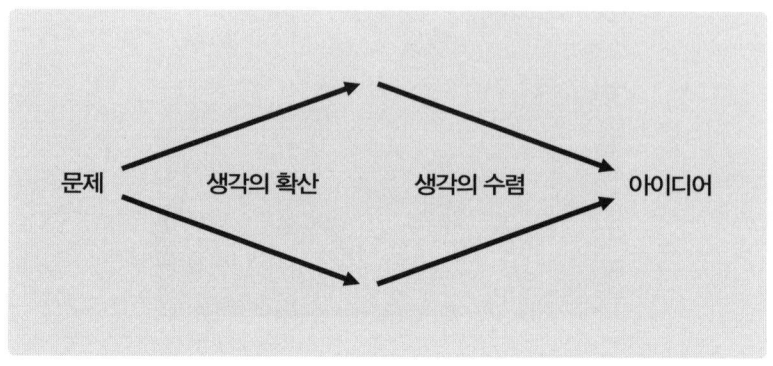

다양한 관점에서 유연하게 생각하며 생각을 확산시키는 것이다. 다양한 가능성을 생각해본 후에는 그것을 확인하는 시간을 가져야 한다. 생각을 확인하는 과정에서 생각을 특정한 방향으로 수렴시킨다. 이것을 '발상과 판단'이라는 단어로 생각하면 창의적인 아이디어를 만드는 가장 기본적인 방법은 발상하는 시간과 판단하는 시간을 따로 갖는 것이다. 한 번은 발상만 하고 한 번은 판단만 하며 생각을 전개할 때 남과 다른 독특한 아이디어를 얻을 수 있다. 이러한 과정을 '가설과 검증'으로 생각할 수도 있다. 다양한 가설을 세우며 아이디어를 만들고, 그것들 중 현실적으로 실행 가능하고 효과가 좋은 것을 검증하며 선택하는 것이다. 생각의 폭을 넓혔다 좁히는 과정을 그림으로 표현했을 때 그 모양이 다이아몬드처럼 생겼다고 해서 이런 생각의 기술을 '다이아몬드 사고법'이라고 한다.

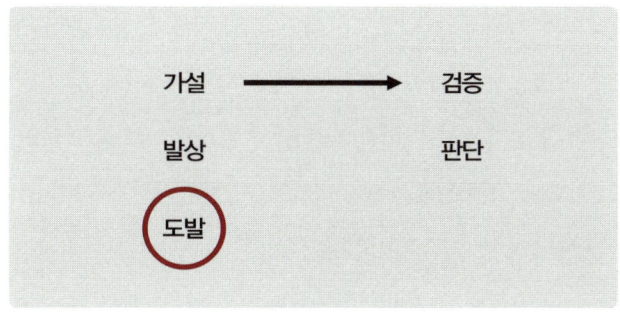

도발은 생각을 확산하는 과정에서 활용되는 것이다. 다양한 관점을 갖고 여러 가지 방향으로 생각을 확산시키려고 해도 막상 익숙하지 않은 사람은 생각을 확산시키지 못하는 경우가 많다. 이때 생각을 확산시키는 기술적인 방법이 바로 도발이다. 무조건 거꾸로 이야기해보고, 비이성적으로 이야기해보는 것, 이런 방법들이 생각을 확산하기 위한 하나의 의도적인 생각 기술인 것이다.

다이아몬드 사고법을 실제로 잘 적용하기 위해서는 시간을 정해 놓고 한 번은 유연하게 생각을 확산시키고, 한 번은 냉철하게 생각을 수렴시키는 과정을 나눠서 하는 것이 필요하다. 가령, 회의시간을 30분으로 정했다면 15분은 유연하게 발상만 하고 15분은 냉철하게 판단만 하는 것이다. 이때 중요한 것은 생각을 확산할 때는 백퍼센트 유연하게만 생각하고, 생각을 수렴할 때에는 백퍼센트 냉철하게만 생각하는 것이다.

유연한 생각이란 우연히 떠오르는 아이디어, 확인되지 않은 가능성 또는 무책임하게 내뱉는 말 등을 모두 포함한다. 유연한 생각을 할 때는 현실적이고 합리적인 것을 따질 필요가 없다. 논리적인 상관관계를 따져 이야기할 필요도 없다. 현실적이고 합리적인 것, 논리적이고 분석적인 것은 냉철한 생각에 속하기 때문이다. 유연하게 생각을 확산한 후에 냉철하게 생각을 수렴하는 과정에서 합리적이고 현실적인 방법에 대해서는 고려할 것이므로, 생각의 확산 단계에서는 자유롭고 무책임하게 생각을 넓게 펼치는 것만이 중요하다. 마치 예술가가 예술작품을 만들듯이 또는 어린아이가 세상물정 모르고 상상하듯이 하는 것이다.

 냉철하게 생각할 때는 엄밀하고 정확하게 현실적인 것을 고려해야 한다. 구체적으로 실행에 옮겼을 때의 결과도 계산해야 한다. 논리적이고 분석적인 생각을 하는 것이다. 냉철한 생각을 할 때에는 더 이상의 새로운 아이디어를 찾지 말고, 유연한 생각을 하면서 이미 만들어진 아이디어에 국한하는 것이 좋다. 그것들의 현실성과 합리성 또는 효율성 등을 따지는 것이다. 주어진 상황에서 현실적으로 업무를 진행하기 위해서는 무한정 생각을 확산하고만 있을 수는 없기 때문이다. 냉철한 생각을 할 때에는 그것을 실행에 옮겼을 때의 상황도 고려하는 것이 필요하다. 마치 판사가 엄격하게 재판을 하듯이 생각을 정리해야 하고, 책임감 있는 아버지의 모습으로 판단하고 결정해야 한다.

6강

모방과 창조, 아이디어를 진화시켜라

_ 생각의 공식 5

모방은
창조의 시작이다

"모방은 창조의 어머니다."

아리스토텔레스의 명언이다. 그는 우리가 만드는 모든 예술은 모방을 거쳐서 만들어야 한다고 충고했다. 이 말은 무조건 남의 것을 단순하게 베끼라는 의미가 아니다. 모방은 학습이고 경험이며 배우는 것이다. 모방이라고 하면 좋은 뜻으로 받아들여지지 않는다. 특히 저작권이 중요시되는 시대에 살고 있는 우리는 모방을 표절과 비슷한 의미로 받아들이게 된다. 모방과 표절의 경계가 모호한 것도 사실이다. 하지만 모방과 창조의 경계도 모호하다는 것을 기억해야 한다.

독창적이고 독특하고 전혀 새로운 것처럼 보이는 것도 이미 어딘가에 있었던 것이다. 비슷한 형태가 반드시 있다. 때로는 다른 분야에서 일반적인 아이디어가 분야와 영역을 달리하고 시간을 달리하면 아주 독특하고 새로운 아이디어가 되기도 한다. 그래서 세상에 없는 것에 관심을 갖지 말자. 세상에 없던 것은 없다. 기존의 아이디어 또는 다른 분야의 아이디어에서 출발해 그것을 진화시키자. 이것이 창의적인 아이디어를 만드는 유일한 방법이다.

모방은 창조의 시작이다

포드 자동차를 만든 헨리 포드의 재산은 지금의 가치로 1,881억 달러 정도라고 한다. 이것은 현재 세계 최고의 부자인 빌 게이츠를 훨씬 앞서는 것으로 인류 역사상 10등 안에 드는 매우 높은 액수다. 헨리 포드가 부자가 된 것은 포드 자동차의 최고 히트 상품이었던 '모델 T' 때문이었다. 모델 T는 1908년에 처음 나와 1928년 생산이 중단될 때까지 20년간 총 1,500만 대 이상의 판매기록을 세운 자동차이다. 집집마다 차가 있는 지금의 환경과 달랐던 당시의 이 판매기록은 엄청난 것이다.

포드자동차
모델 T

모델 T의 장점은 무엇보다 가격이 파격적으로 싸다는 점이다. 포드가 모델 T의 가격을 혁명적으로 낮출 수 있었던 것은 대량생산기법인 이른바 '포드 시스템Ford system'을 도입했기 때문이다. 포드 시스템은 생산공정을 표준화하고 분업화해 이동조립법을 도입한 것이다. 이동조립법은 '사람이 일에 가는 것'이 아니라 '일이 사람에게 오는 것'이라는 포드의 아이디어를 실현시킨 생산 시스템이다. 기존에는 사람들이 차를 만들 때 필요한 부품을 가져다 조립했던 반면 포드는 사람들이 일정하게 서 있고 컨베이어 벨트가 돌아가며 움직여 차가 스스로 완성되게 했다.

컨베이어 벨트 시스템은 포드가 우연히 방문한 정육점에서 착상했다고 한다. 정육점에서는 고기의 부위를 구분해 포장할 때 작업자의 머리 위쪽에 고기를 걸어 이동시킬 수 있는 갈고리 걸이를 만들어두고 여러 사람이 분업으로 일한다. 첫 번째 사람이 갈빗살을 구분해 잘라낸 다음 고기를 갈고리에 걸어서 옆으로 밀면, 그 다음 사람은 안심살을 잘라내고 그 다음 작업자에게로 갈고리에 끼어서 고기를 이동시키는 식의 작업방법이다.

포드는 이 장면을 보고 한 사람이 자동차 엔진을 장착하면 그 다음 사람이 타이어 바퀴를 낀다든지 하는 식으로 작업대에서 할 수 있는 분업을 생각하게 되었다. 그리고 고기를 사람이 손으로 밀어서 옆으로 옮기는 수동적 방법 대신 자동으로 움직이는 벨트를 장착해 하나의 작업이 끝나면 자동으로 작업대가 다음 작업자가 있는 옆으로 움직이는 컨베이어 벨트 시스템을 개발한 것이다. 포드는 이러한 자동화로 모델 T 자동차를 싼 값에 대량 생산할 수 있게 되었고 세계 최고의 자동차

왕이 되었다. 이러한 컨베이어 벨트 시스템은 오늘날까지도 보편적으로 이용되는 방법이다.

　헨리 포드가 소나 돼지의 도축 시스템을 보고 자동차를 만드는 컨베이어 벨트 시스템을 도입한 것은 모방을 통한 창조의 대표적인 사례다. 다른 영역에서는 보편화된 아이디어를 자신의 영역에 도입해 새로운 성과를 올리는 것이다. 많은 경우 다른 영역까지 가지 않아도 된다. 자신들의 영역에서도 약간의 변형과 개선을 통해 진화시킬 만한 아이디어들은 많다. 기존의 아이디어를 변형하며 새로운 아이디어를 만들어보자.

모방하되
변형시켜라

 모방

아이디어가 필요할 때 어떻게 하는가? 아이디어가 필요할 때 우리가 하는 첫 번째 행동은 검색이다. 구글이나 네이버 같은 사이트에서 검색하거나 아이디어의 힌트를 줄 수 있을 것 같은 사람에게 전화해 물어본다. 다른 사람에게 정보를 얻는 것까지도 검색이라고 할 수 있다. 즉, 아이디어가 필요할 때 우리는 기본적으로 검색을 하는 것이다. 검색하며 정보를 확보하고 비슷한 방법으로 필요한 아이디어를 만들려고 한다. 어떤 의미에서 모방이라고 해도 좋다.

> ### Research = Re + search
>
> 연구를 영어로 'Research'라고 한다. 'Research'는 'search'을 먼저 하고 나서 하는 것이다. 중요한 것은 먼저 검색search하는 것이다.

많은 일들은 어떤 연결고리가 있다. 자연스러운 연결고리를 찾아 보며 나에게 필요한 아이디어를 만들어보자. 가령, 밤에 청소하는 사람들이 유니폼으로 입는 옷에는 야광띠가 있다. 어두운 밤에 일어날 수 있는 교통사고를 예방하기 위해 유니폼에 야광띠가 있는 것이다. 어두운 밤에 일어나는 교통사고를 예방하기 위해 남아프리카공화국의 주류회사 에드워드 스넬Edward Snell이 개발한 컵 받침을 소개한다. 이 컵 받침은 뒷면에 스카치라이트(빛을 밝게 반사시키는 재질)가 붙어 있다. 술을 마시고 컵 받침의 뒷면 스티커를 떼어 자신의 몸에 붙이면 빛이 반사되어 어두운 곳에서도 사람들의 눈에 쉽게 띈다고 한다.

 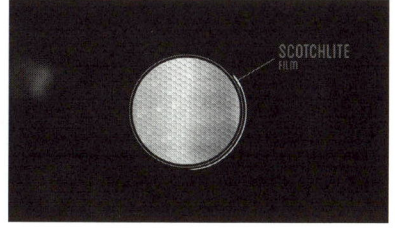

주류회사 에드워드 스넬이 교통사고를 예방하기 위해 만든 컵받침

어두운 밤길에 아프리카의 한적한 길에서는 차가 15m 근방까지 접근해도 사람이 있다는 것을 제대로 파악하기 힘들다. 반면 빛에 반사

되는 스티커를 몸에 붙인 사람은 150m 밖에서도 쉽게 구별된다. 청소부들의 유니폼에 있는 야광 띠에서 아이디어를 연결하면 자연스럽게 이런 스티커를 생각할 수 있다. 이것이 아이디어를 만드는 가장 쉽고 효과적인 방법이다. 스티커만이 아니다. 다음 사진은 자동차 회사 볼보Volvo에서 만든 스프레이 'Life paint'다.

볼보에서 만든 Life paint 스프레이를 뿌린 모습

어두운 길에서 자전거를 타는 사람들이 이 스프레이를 뿌리면 야광처럼 빛을 반사해 자동차 운전자가 멀리서도 쉽게 구별할 수 있다. 사람의 안전을 최우선으로 생각하는 볼보의 이미지와도 잘 어울리는 제품이다.

이렇게 하나의 생각이 연결되고 변형되면 새로운 것을 만들 수 있다. '태양 아래 새로운 것은 없다'는 말을 기억하자. 세상에 새로운 것이 없다면 새로운 아이디어를 만드는 가장 쉽고 강력한 방법은 다른 곳에 있는 아이디어를 가져오는 것이다. 물론 가져올 때는 단순히 베끼는 것이 아니라 자신의 상황에 맞게 변형시키고 바꾸는 것만으로도 충분히 창의성을 발휘할 수 있다.

창조는 개념 모방이라는 것을 기억하자. 아이디어는 '내 것으로 만드는 것'이다. 모방은 창조가 아니다. 하지만 모방은 창조의 시작이다. 특히 어떤 것을 단순하게 모방하는 것이 아니라 그것이 작동하는 원리나 의미, 개념을 파악하고 그것과 같은 맥락으로 그 개념을 자신의 일에 적용할 수 있다면 그것은 매우 좋은 창조의 기술이다. 특히 자신과 다른 분야에서 또는 다른 업종에서 일하는 사람의 아이디어나 방법의 개념을 응용해서 자신의 일에 적용할 수 있다면 그것이 바로 창조의 기술인 것이다. 우리의 아이디어도 그렇게 만들어보자.

 ## 변형시키는 방법

창의성은 새롭고 적절한 것을 산출하는 것이다. 새롭고 가치 있는 것을 만드는 것이다. 새롭다는 것과 가치 있고 유용하다는 것 이 두 가지 요소를 만족시켜야 창의적인 것이다. 그런데 처음부터 두 가지를 모두 만족시키는 것은 쉬운 일이 아니다. 조금이라도 쉬운 방법은 새롭지만 유용하지 못한 것에서 출발하거나 또는 유용하기는 하지만 새롭지 못한 것에서 출발하는 것이다. 둘 중 내가 갖고 있는 것에서 출발하는 것이다.

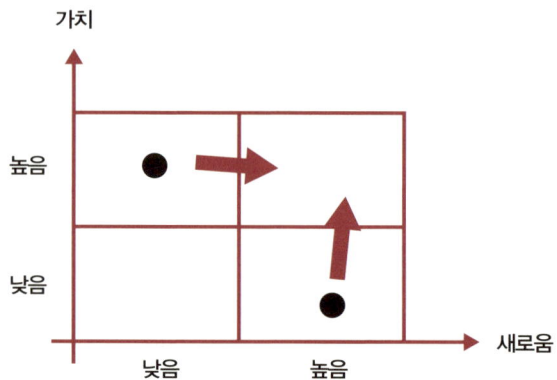

　가치는 있지만 새로움이 없는 것은 대부분 단순 모방을 했기 때문이다. 창의적인 아이디어를 위해서는 일단 단순 모방에서 출발해도 좋다. 그것을 변형시키고 바꿔가며 새로움을 만들어간다면 창의적인 아이디어로 진화시킬 수 있다.

　가치는 없지만 매우 새로운 것이 있다면 그것은 약간 허황되고 허무맹랑한 생각으로 분류될 것이다. 그런 허무맹랑한 생각도 그냥 무시하지 말고 진화시켜보라. 현실에 맞게 바꿔보거나 조금 다른 개념을 도입한다면 환상에 지나지 않았던 일들이 현실이 되며 창의적인 아이디어가 되는 것이다. 일단 쉽게 시작하고 무엇이든지 무시하지 말고 변형시켜보자. 진화시키는 과정을 통해 창의적인 아이디어가 만들어지는 것이다.

협력으로
아이디어를 만든다

　우리는 많은 회의를 한다. 사소하게 몇 명이 모여 이야기하는 것에서부터 회의실에 모여 진지하게 토의하는 것까지 다양한 회의가 있다. 회의를 할 때 창의적인 아이디어를 끌어내기 위해서는 창의적인 회의 기법을 생각하는 것이 필요하다. 창의적인 아이디어를 창출하는 회의를 하기 위해 몇 가지 기본적인 방법을 소개한다.

　팀에서 단합을 위한 회식을 하기로 했다. 모두 즐겁게 회식을 어디에서 어떻게 할 것인지를 의논하기로 했다. 남 대리가 먼저 말을 꺼냈다.

　"회식은 삼겹살에 소주를 마셔야죠."

　"우리 오늘은 베니건스에 가서 칵테일을 마시면 어떨까요?"

남 대리의 말이 끝나기도 전에 여 주임이 말했다. 남 대리는 자신의 말이 끝나기도 전에 말을 가로채는 여 주임이 기분 나빴다.

"회식은 삼겹살에 소주가 제격이죠. 베니건스나 칵테일은 좀 사치스럽잖아요."

"삼겹살에 소주는 80년대 문화잖아요. 우리도 베니건스에서 칵테일 마시면서 분위기 있게 즐기는 새로운 문화를 만들어야 한다고요."

남 대리는 이렇게 마음속으로 생각했다.

'어려서 철이 없다고는 생각했지만 아무리 철이 없어도 그렇지, 무슨 여자가 저렇게 사치스럽지? 자기 월급이 얼마인데 저렇게 비싼 옷을 입고 다니지? 저 여자 너무 헤픈 거 아냐? 누구한테 시집갈지 모르겠지만, 정말 걱정된다. 걱정돼….'

여 주임도 기분이 나빴다. 여 주임은 이렇게 마음속으로 생각했다.

'정말 아저씨들은 어쩔 수 없나 보군. 저 머리 벗겨진 것 좀 봐. 생각이 그렇게 구닥다리니까 30대 후반인데 아직까지 대리지. 부인이 불쌍하다. 불쌍해.'

회식은 결국 팀장이 일방적으로 정한 제3의 장소에서 하기로 했고, 단합을 목적으로 했던 회식에서 젊은 여사원들과 대리급 아저씨들은 따로따로 앉아서 서로의 관심사만 이야기하다 일찍 1차를 마치고 서로 다른 곳으로 흩어져 2차를 갔다.

이 이야기는 특별한 상황이 아니다. 우리 주위에서 일반적으로 자주 볼 수 있는 상황이다. 아마 당신도 이야기 속의 주인공들과 같은 경험을 했을 것이다. 꼭 회식이 아니더라도 친구들이나 동료들과의 대화 속에서 사례 속 주인공들과 같은 갈등 상황을 자주 겪게 된다. 사람들은 자신과 자신의 의견을 동일시한다. 자신의 의견이 무시당하면 자신이 무시당했다고 생각하는 것이다. 그래서 감정적으로 자신의 의견을 관철시키려고만 한다. 앞의 예에서 보면 실제로 남 대리가 베니건스를 좋아할지도 모른다. 또 여 주임이 삼겹살과 소주를 좋아할지도 모른다. 하지만 그렇더라도 그들은 자신의 입에서 나온 처음 의견을 바꾸지 못한다. 왜냐하면 자신의 의견이 받아들여지지 않으면 자신이 무시당했다고 생각하기 때문이다.

사진 출처 : tvN 드라마 「미생」 회의 모습

 평행사고법 parallel thinking

창의적인 회의의 조건은 의견을 대립시키는 구조가 아닌 협력해서 같이 생각하는 구조를 만드는 것이다. 구체적인 방법은 이렇게 하는 것이다. 특정 사안에 대해 모든 사람이 같이 장점을 생각하고, 모두 같이 단점을 생각하는 것이다. 회의 진행자가 먼저 선언을 한다.

"자, 지금부터 10분간은 장점만 생각합시다."

진행자가 이렇게 선언을 했다면 회의에 참석한 모든 사람은 특정 의견의 장점을 생각해야 한다. 앞에서 회식장소를 정하는 상황에 적용해보자. 회의의 진행자는 먼저 이렇게 이야기하는 것이다.

"자, 이제부터는 삼겹살에 소주를 먹을 때의 장점을 생각합시다."

모든 사람이 회식에서 삼겹살에 소주를 먹었을 때의 장점을 생각하는 것이다. 개인적으로 삼겹살을 싫어하고 소주를 한 잔도 마시지 못하는 사람이라도 '삼겹살에 소주'를 먹었을 때의 장점을 이야기해야 한다. 마찬가지로 회의 진행자가 이렇게 말한다.

"자, 이제부터는 베니건스에서 칵테일을 먹을 때의 장점을 생각합시다."

모든 사람이 회식으로 베니건스에 칵테일을 먹으러 갈 때의 장점을 생각해야 한다. 이렇게 장점을 이야기한 후에는 단점을 같은 방법으로 말하게 한다. 이런 방법으로 의견을 낸 사람과 의견을 분리하고 모두 같은 방향으로 생각하기 시작한다면 감정의 대립을 막을 수 있다. 이 생각의 방법은 에드워드 드 보노가 제시한 평행사고법parallel thinking이다.

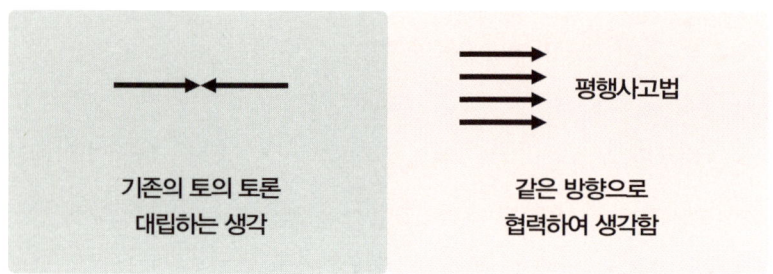

PMI 기법

구체적으로 다음과 같이 진행할 수 있다. 이것을 'PMI(Plus 장점, Minus 단점, Interesting 흥미로운 점) 기법'이라고 부른다.

1. 먼저 의견을 자유롭게 듣는다.
2. 각각의 의견에 대해 모든 사람이 같이 장점Plus을 생각한다.
3. 각각의 의견에 대해 모든 사람이 같이 단점Minus을 생각한다.
4. 각각의 의견에 대해 모든 사람이 같이 흥미로운 점Interesting을 생각한다.

협력하는 회의를 할 때에는 기본 원칙이 있다. 반드시 한 번에 한 가지만 하는 것이다. '삼겹살에 소주'를 먹는 일의 장점을 이야기하다 보면 단점도 보일 것이다. 하지만 장점을 이야기할 때에는 절대 단점을 말하지 않아야 한다.

이 방법은 회의에서만 사용할 수 있는 것이 아니다. 대화를 할 때나 혼자서 생각을 정리할 때도 매우 효과적이다. 가령, 다음의 아들과 엄마의 대화를 보자. 아들은 미래에 댄스 가수가 되겠다며 매일 춤 연습을 한다. 엄마는 아들에게 '너는 변호사가 되어야 한다'며 아들의 의견과 충돌한다. 엄마와 아들은 서로 자신들의 주장을 굽히지 않는다. 둘의 대화는 엄마가 아들을 쥐어박으면서 "가서 공부나 해!"라는 말로 끝나며, 아들은 엄마 말에 반항을 하게 된다. 이런 상황에서 어떻게 하면 좋을까?

방법은 앞에서 소개한대로 각각의 장점, 단점, 흥미로운 점을 같이 찾아보는 것이다. 엄마는 아들을 존중하고 아들 역시 엄마를 존중해 서로의 의견을 안건으로 내놓는다. 그리고 같이 협력해 가수가 되었을 때의 장점을 둘이 같이 찾아본다. 그러고 나서 변호사가 되었을 때의 장점도 둘이 같이 찾아본다. 이렇게 장점을 찾은 후에는 엄마와 아들 둘이서 가수가 되었을 때의 단점과 변호사가 되었을 때의 단점을 같이 찾아본다. 이렇게 같이 생각을 한 방향으로 모은다면 둘은 같은 편이 된다. 서로 대립할 때는 서로 다른 편이 되어서 싸우지만 이제는 서로를 위해서 한편이 되는 것이다.

흥미로운 점도 꼭 생각하는 것이 좋다. 장점과 단점을 이야기할 때에는 논리적으로 이야기를 전개한다면, 흥미로운 점을 이야기할 때에는 자신의 기분이나 느낌까지 이야기하는 것을 허용해야 한다. 대부분의 사람들은 자신의 기분이나 느낌을 논리로 포장해 말하는 경향이 있다. 그것은 매우 위험한 것이다. 그것을 사전에 미리 막기 위해서는 감정이나 느낌을 표현할 수 있는 별도의 시간을 주는 것이 효과적이다.

협력하는 창의적 회의기법의 철학은 윈-윈win-win 전략이다. 우리 팀은 분명 서로 같은 목표로 같은 방향으로 가고 있다. 나의 의견을 관철하고 내가 상대를 제압하겠다는 행동은 절대로 하지 말아야 한다. 우리는 제로섬(zero-sum, 모두 합하면 제로가 되는 것) 마인드에서 벗어나야 한다. 같이 손잡고 힘을 합해 앞으로 가야 한다. 생각도 그런 방식으로 하는 것이 좋다.

3Room 회의

독창적인 아이디어를 위해 월트 디즈니에서 활용한다는 3Room 회의기법을 사용해보자.

3Room 회의란 몽상가의 방Dreamer's Room, 현실가의 방Realist's Room 그리고 비평가의 방Critic's Room 이렇게 3개의 방을 만드는 것이다. 그리고 한 번에 하나의 방에 들어가서 그 방의 컨셉에 맞는 생각만 하는 것이다.

먼저 몽상가의 방에서는 정말 몽상가처럼 아무런 제약 없이 상상하듯 생각한다. 기술적으로 가능한지, 예산이 부족하지는 않은지 등의 문제는 전혀 신경 쓰지 않는다. 몽상가의 방에서는 꿈속에서 모든 것이 가능한 것처럼 상상의 나래를 펼치는 것이다. 현실과 동떨어져도 전혀 상관하지 않는다.

두 번째 방인 현실가의 방에서는 몽상가의 방에서 나왔던 이야기들을 우리의 현실에 맞게 이야기해본다. 실현 가능성을 검토하는 시간이다. 구체적이고 현실적인 이야기를 하게 된다. 몽상가의 방에서 나왔던 허무맹랑했던 이야기를 약간의 변형이나 또는 현실적인 상황을 고려한 아이디어를 추가해 실현시키는 방법을 생각하는 것이다.

세 번째 비평가의 방에서는 무조건 꼬투리를 잡는 시간을 가져본다. 사소한 것이라도 삐딱하게 바라봐보면 뒤에 있을 수도 있는 위험요소를 대비하게 된다.

이런 과정을 거치며 실행에 옮길 아이디어가 만들어진다.

회의를 할 때에는 모두 같은 방에 들어가서 그 방의 컨셉에 맞는 말만 해야 한다.

팀 회의로 3Room 회의를 할 때 주의해야 할 것은 모두 같은 방에 들어가는 것이다. 누구는 몽상가의 방에 있는데 누구는 현실가의 방에서 몽상가의 말을 비판하고 분석하지 말아야 한다. 목욕탕에 가면 뜨거운 물과 차가운 물에 한 번씩 들어갔다 나오는 것처럼 3개의 방을 한 번씩 들어갔다 나오며 아이디어를 만들어보자.

7강

플러스 알파의 상승효과를 만들어라

_ 생각의 공식 6

선순환과
악순환

 선순환이 있고 악순환이 있다. 선순환이란 아주 사소한 차이에서 시작해 알지 못하는 사이에 나에게 이익이 되는 것이 눈덩이처럼 불어나며, 결과적으로 아주 큰 상승효과를 만드는 것이다. 사람들은 때때로 의도적으로 선순환을 만들기도 한다.

 예를 들어 올해에는 빨간색 옷이 유행할 것이라는 예측을 유명한 트렌드 예측기관이 내놓는다. 그 예측에 많은 패션회사들이 영향을 받아서 빨간색 옷을 많이 만든다. 시장에 빨간색 옷이 대량으로 공급된다. 사람들이 빨간색 옷을 많이 입는다. 결과적으로 빨간색 옷이 유행한다. 이것이 선순환이고, 그것으로 만들어지는 상승효과다.

 물론 마이너스를 만드는 악순환도 있다. 예를 들어 어느 은행이 파산할지도 모른다는 전혀 근거 없는 소문이 나돌고 사람들이 앞 다투어 예금을 인출하기 시작한다. 결국 그 은행은 파산한다. 이것이 바로 악순환이다. 우리는 이런 현상에 관심을 가져야 한다.

두 방향의 고리

세상의 모든 일은 그것을 관찰하고 예측하는 것에 영향을 받는다. 그래서 똑같은 일을 하면서도 안 될 것이라고 생각하고 일을 하면 결코 그 일을 성공시킬 수 없다. 반대로 다른 사람들이 보기에 전혀 가능성이 없는 무모한 일도 될 것이라고 생각하며 긍정적으로 도전하면 결과적으로 그 일을 해내는 것이다. 일반적인 선순환의 사례는 이런 것이다.

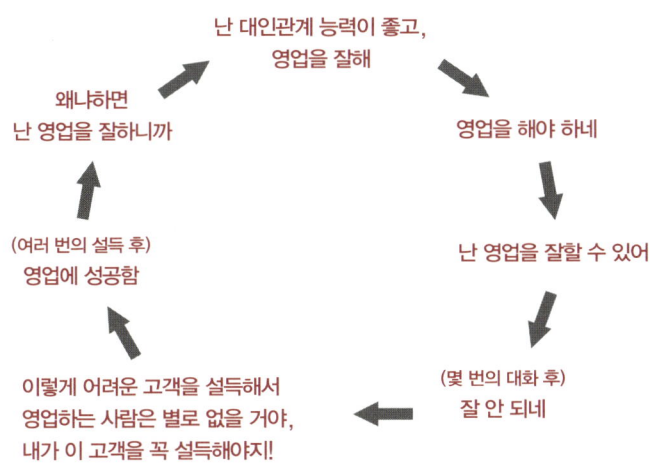

자기 스스로 자신이 대인관계가 좋고 영업을 잘한다고 생각하는 사람은 결국 영업에 성공한다. 왜냐하면 앞에서 본 것처럼 더 많은 시간을 들이고 노력을 하기 때문이다. 이런 상승효과를 만드는 것은 자신에 대해 긍정적인 해석을 하면서 시작된다. 긍정적인 해석을 하는 사람은 자신에게 일어났던 우연한 행운을 아주 특별하게 생각하고, 자신의 실수를 충분히 있을 수 있는 일로 여긴다. 그러면서 그는 상승효과를 만드는 사이클을 만들어가는 것이다. 중요한 것은 상승효과를 만드는 것이다.

부정적인 시각을 갖고 마이너스를 만드는 해석을 하는 사람들은 객관적으로 상황을 파악한다고 말한다. 물론 사실에 근거해 객관적으로 상황을 파악하는 것은 중요하다. 하지만 객관적인 상황이란 것이 현실에서 눈에 보이게 존재하는 경우는 거의 없다. 우리가 파악하는 일반적인 객관은 상호주관적이다. 객관적이라고 생각하지만 실제로는 주관적인 생각들의 정확하게 계산되지 않은 평균이다. 따라서 우리가 생각하는 많은 객관적인 상황은 자신의 주관적인 생각에 근거하게 된다. 부정적인 시각으로 마이너스를 만드는 해석을 하는 사람은 자신도 모르게 하강효과를 만들게 된다.

상승효과와 반대로 하강효과를 만드는 사이클을 앞의 사례로 살펴보면 다음과 같다.

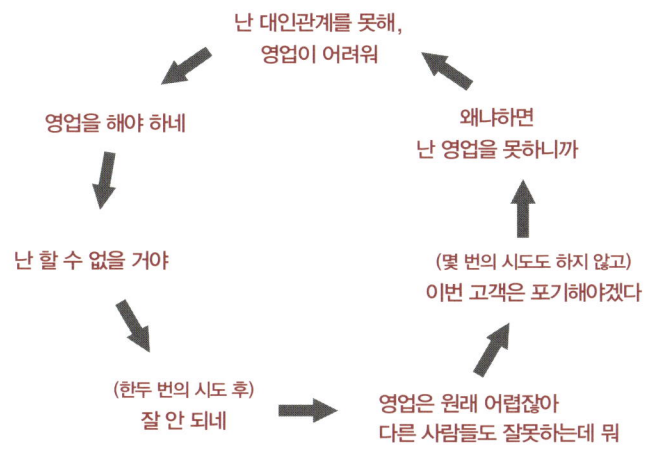

우리는 긍정적인 시각을 통해 상승효과를 만드는 선순환의 사이클을 돌릴 수도 있고, 반대로 부정적인 해석을 통해 하강효과를 만드는 악순환의 사이클을 돌릴 수도 있다. 중요한 것은 내가 상황을 상승효과로 만들어가는 것이다.

상승효과를 만드는 시각을 가져보자

같은 상황에도 다양한 시각이 존재한다. 다양한 시각과 관점을 통해 우리는 새로운 생각을 만들기도 한다. 그런데 우리가 중요하게 생각해야 할 것은 다양한 관점들 중 우리에게 도움이 되고 유리한 관점을 선택해야 한다는 사실이다. 선순환을 만들며 상승효과를 만드는 관점이 있고, 악순환에 빠뜨리는 관점이 있다. 우리는 당연히 상승효과를 만드는 시각을 가져야 한다.

다음 그림을 보자. 그림을 보면 사람들의 코가 길게 커진 것이 피노키오를 연상시킨다. 피노키오의 코는 거짓말을 하면 커진다. 분명 사람들은 거짓말을 하고 있다. 어떤 사람들은 이렇게 생각한다.

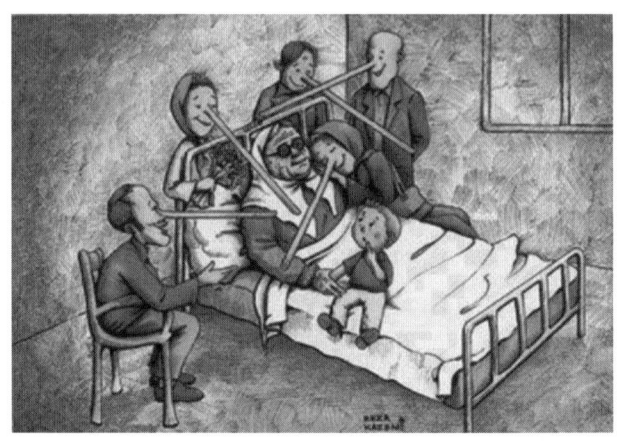

사진 출처 : 구글 검색

"모두 가식으로 할머니를 병문안 왔구나. 할머니의 건강이 걱정되지도 않으면서 걱정된다고 거짓말들을 하고 있기 때문에 코가 커진 거야. 거짓말을 하면 커지는 피노키오의 코처럼."

반면에 어떤 사람들은 이렇게 생각한다.

"모두의 코가 커진 걸로 봐서는 모두 거짓말을 하고 있다는 건데 무슨 거짓말을 하고 있는 걸까? 할머니가 아주 위독하고 수술을 해도 가망이 없는 병에 걸렸는데 모두 '걱정하지 마세요, 금방 완쾌되실 거에요. 별로 어려운 수술도 아니래요'라고 거짓말을 하고 있는 것 같다."

이렇게 똑같은 상황도 다른 관점과 해석이 가능하다. 현명함이란 다양한 관점으로 보고 나에게 더 유리하고 필요한 방향으로 해석하는 것이다. 긍정적인 시각이 긍정적인 생각을 만든다. 우리는 상황을 발전시키고 상승효과를 만드는 긍정적인 시각을 가져야 한다. 실제 사례 하나를 소개한다.

대기업의 프로젝트에 참여한 한 컨설팅 회사가 있었다. 컨설팅 회사의 직원 몇 명은 대기업에 파견되어 일을 해야 했다. 하루는 컨설팅 회사의 사장과 부사장이 그 대기업을 방문했다. 대기업의 담당자를 만나기 전에 컨설팅 회사의 사장과 부사장은 자기 회사의 직원들이 일을 잘하고 있는지 보고 싶었다.

당시 대기업의 프로젝트는 큰 규모여서 3개의 컨설팅 회사가 참여하고 있었다. 대기업에서 제공한 3개의 방에 3개의 회사가 각자 들어가서 일을 하고 있었다. 컨설팅 회사의 사장과 부사장은 3개의 방이 있는 복도에 들어섰을 때 자기 회사 직원들이 일하는 방에서 웃음소리가 들리는 것을 들었다. 다른 2개의 방은 아주 조용하고 적막했다. 실제로 다른 두 회사의 직원들은 업무시간에 서로 말도 하지 않고 열심히 자신의 일만 하고 있었다. 하지만 그 컨설팅 회사에서 파견 나온 직원들은 업무시간에 서로 웃으면서 이야기도 많이 나누는 것 같았다. 사장과 같이 갔던 부사장은 이렇게 생각했다.

'이 녀석들이 놀아. 아주 군기가 빠졌군. 내일이라도 회사로 소집을 해서 좀 혼내줘야지. 녀석들이 프로정신도 없고 직업 정신이 투철하지 못해서 큰일이야.'

사장과 부사장은 대기업의 담당자를 만났다. 담당자와 업무 이야기가 끝날 때쯤 대기업의 담당자는 회사의 문화에 대해 이야기하면서 어떻게 직원들이 서로 화목하고 서로 친하게 지내면서도 일도 잘하냐고 부러워했다. 사장은 웃으며 말했다.

"서로 즐겁게 일하는 것이 저희의 문화입니다. 회사의 문화라는 것은 쉽게 설명할 수 없는 거죠."

사장의 말 속에는 직원들에 대한 자부심이 드러나 있었다. 대기업 담당자도 웃음소리가 그치지 않고 즐겁게 일하는 것이 너무 부럽다며 나중에 꼭 경영비법을 가르쳐달라고 말했다.

같은 상황이라도 그것을 바라보는 관점의 차이에 따라 사람들은 다른 생각을 하게 된다(사진 출처 : 구글 검색)

사람들은 같은 것을 보면서도 다른 생각을 한다. 자기 회사 직원들의 웃음소리에 어떤 사장은 경쟁 상대와의 치열한 전투를 떠올리며 진지하지 못한 직원들을 나무랄 생각을 하는 반면, 어떤 사장은 자신의 일을 즐기면서 행복하게 일하는 회사 문화에 자부심을 느낀다. 중요한 점은 보이는 것에 대한 다양한 관점이 존재하므로 상황을 나에게 유리하게 만들어가는 것이다.

상호작용을 생각하자

어떤 일이 진행되는 과정을 보면 단순하게 예정된 수순을 밟아가며 정해진 결과를 만드는 것이 아니다. 이해관계가 다른 사람들이나 대상들이 서로 영향을 주고받고 때로는 예상하지 못했던 변수를 발생시키며 일을 진행시킨다. 이처럼 서로 영향을 주고받는 것을 '상호작용'이라고 한다. 한쪽 방향으로 영향을 끼치는 것이 아니라 이해당사자들 간에 서로 영향을 주고받는 상호작용의 과정 속에서 플러스 알파의 상승효과가 발생하게 된다.

> **상호작용** 相互作用 : 둘 이상의 물체나 대상이 서로 영향을 주고받는 일종의 행동을 의미한다. 한쪽 방향으로 영향이 나타나는 인과관계와는 달리 양쪽 방향으로 영향이 나타나야 한다.

시장의 과일가게 앞에서 한 소년이 앵두를 한참 쳐다보고 있었다. 말없이 앵두를 바라보는 수줍은 소년을 보면서 과일가게 아저씨는 말했다.

"얘야, 먹고 싶으면 하나 집어 먹어봐라."

하지만 소년은 수줍은 표정으로 앵두를 집지 못하고 그저 쳐다만 보고 있었다. 마음씨 좋은 아저씨는 다시 소년에게 말했다.

"얘야, 앵두 맛있게 생겼지? 한번 먹어보렴. 네가 갖고 싶은 만큼 한 주먹 가져가렴."

그러나 소년은 그냥 수줍은 표정만 지을 뿐 앵두에는 손을 대지 못했다. 마음씨 좋은 아저씨는 웃으며 직접 나서서 자신의 큰 손으로 두 주먹 가득 앵두를 집어서 소년에게 먹어보라고 주었다. 소년은 두 팔을 벌려서 앵두를 받았다. 집으로 돌아온 소년에게 엄마가 말한다.

"얘야, 너는 너무 숫기가 없구나. 요즘 세상은 너처럼 그렇게 점잖기만 하면 안 된다. 가게 주인아저씨가 하나 먹으라고 하면 염치없이 날름 집어먹을 줄도 알아야지."

엄마의 말에 소년은 이렇게 대답했다.

"엄마, 저는 그 아저씨가 앵두를 줄 거라는 걸 알았어요. 하지만 제 손은 작잖아요. 제가 먼저 앵두를 집으면 많이 집지 못하잖아요. 그 아저씨의 손은 매우 크더라고요"

철강왕 앤드류 카네기가 어렸을 때 있었던 일화다. 어린 카네기는 자신이 앵두를 얻는 것에 주인아저씨와의 상호작용을 고려했다. 자신의 일방적인 행동만이 아닌 상대방의 행동을 고려하며 생각했기 때문에 그는 더 많은 앵두를 얻었던 것이다. 이렇게 다른 사람의 행동까지 고려하며 좀더 큰 시각을 갖고 생각하는 것이 필요하다.

생각지도 못했던 결과를 만드는 많은 사람들은 상호작용까지 고려한다. 나의 행동만이 아닌 이해 관계자들의 행동을 고려하는 것이다. 상호작용 속에서 자신에게 유리한 것을 만들어가는 것이 전략이다. 전략이란 기본적으로 상호작용을 생각해야 한다. 일방적인 생각이 아닌 내가 어떤 행동을 했을 때 나의 '작용'에 '반작용'으로 발생할 다른 사람의 생각이나 행동을 고려하는 것이다.

가령, 강의를 한다고 생각해보자. 강의를 못하는 강사와 강의를 잘

하는 강사의 가장 큰 차이점은 상호작용을 고려하는가, 그렇지 못하고 있는가에 있다. 강의를 못하는 강사는 자신이 준비한 말만 한다. 강의를 듣는 사람의 반응이나 현재 상태, 그들이 어떻게 느끼고 있는지에 대해서는 전혀 고려하지 않는다. 그냥 자신이 준비한 것을 일방적으로 전달한다.

반면, 강의를 잘하는 사람은 자신이 준비한 말을 하면서도 듣는 사람의 반응을 살핀다. 듣는 사람이 현재 어떻게 느끼고 있는지, 재미있어 하는지 지루해하는지를 파악하고 상황에 맞게 강의 내용이나 속도를 조절한다. 좀더 유능한 강사라면 자신의 강의에 사람들이 어떻게 느끼고 반응할지에 대해 미리 예상한다. 그래서 강의준비를 할 때 '내가 이런 말을 하면 사람들은 이런 반응을 할 거야' 하는 것을 미리 예상하며 그 다음을 준비한다. 상호작용을 생각하며 전체적인 시나리오를 만드는 것이다.

감자에 대한 이야기 하나를 소개한다. 18세기 유럽 사람들은 감자를 먹지 않았다고 한다. 당시에는 감자를 악마의 열매라고 믿었기 때문이다. 사람들은 미신 때문에 굶어 죽는 한이 있어도 감자는 먹지 않을 것이라고 말하곤 했다. 프랑스의 관리들은 '어떻게 하면 사람들이 감자를 먹게 만들 수 있을까?' 고민했다. 말로는 설득이 되지 않는 일반 평민들의 마음을 어떻게 돌릴 수 있을까를 고민한 것이다. 고민을 하던 프랑스의 관리들은 1770년 베르사유 궁전 채소밭에서 감자를 재배하기 시작했다. 그리고 재배되는 감자를 지키는 경비원을 배치했다. 경비원들이 삼엄하게 감자를 지키며 큰 말뚝에 이렇게 써 붙였다.

"여기 있는 감자는 귀족을 위한 것이니 평민은 절대 손대지 말 것."

경비원들이 지키며 재배되는 감자에 대해 사람들의 관심은 폭증했다. 더구나 감자가 귀족만을 위해 재배되고 평민들은 손도 댈 수 없다는 점에 사람들은 큰 관심이 생겼다. 급기야 한밤중에 평민들은 몰래 감자를 빼돌리기 시작했다. 그리고 악마의 열매로 취급 받던 감자는 사람들에게 좋은 식량으로 전해졌다.

요즘 사람들은 물리학보다는 생물학에서 우리 삶의 모델을 많이 찾는다고 한다. 주어진 조건에서 합리적으로 생각하는 것에만 국한하는 것이 아니라, 우리 사회를 살아있는 하나의 유기체로 보며 상대방과의 상호작용을 고려하는 것이다. 그래야 더 멋진 아이디어와 실행결과를 얻기 때문이다.

긍정의
힘

 중고품과 기념품

　20개국 대통령이 한자리에 모이는 정상회담이 열렸다. 각 나라의 대통령과 영부인, 수행장관들과 장관들의 부인들을 의전하기 위해 총 200대의 최고급 자동차가 지원됐다. 의전에는 자동차 생산회사 A사와 B사가 선뜻 차량을 각각 100대씩 제공했다. 정상회담은 1주일간 진행됐다. 다행히도 아무 사고 없이 차량 의전은 잘 마쳤다. 제공된 차들은 1주일 후 다시 판매회사로 돌아왔다. 그럼 돌아온 이 차량을 자동차 판매회사에서는 어떻게 처리할까?

　먼저 A사의 처리상황을 살펴보자. 실리와 원칙을 중요시하는 A사는 다른 사람이 잠시라도 이용했던 만큼 중고차가 된 자동차를 신차 시장에 내놓을 수 없었다. 대신 확실한 A/S를 보장하고 차량 옵션을 한 가지 추가해서 일반 중고차보다 다소 비싼 가격으로 시장에 내놓았다. 그 중 몇 대는 1주일밖에 사용하지 않은 중고차인 점을 감안해서 자신들과 자주 거래하는 렌터카 회사와 좋은 조건으로 계약해서 팔아 넘겼다.

반면 B사의 경우는 처리상황이 전혀 달랐다. B사는 정상회담이 열리기 이전에 회담에 제공될 자동차를 10대만 남기고 모두 선계약을 통해 일반고객에게 팔았다. 이 회사는 정상회담에 제공되는 차량을 만들 때부터 작은 옵션을 추가해 차별화했다. 트렁크의 왼쪽에 정상회담에 지원된 차량이라는 배지를 붙여 희소가치가 있는 한정판으로 만든 것이다. 그리고 정상회담 기간 동안 그 차량을 이용한 VIP의 사인을 받아 예쁜 패널에 붙여 차량 구입자에게 함께 전달했다. 세계 각국의 퍼스트레이디나 외무 통상장관들이 이용했다는 점을 강조함으로써 고급차량이라는 홍보효과도 얻었다.

1~2억원씩 하는 자동차를 선착순으로 계약해 판매한 B사는 선계약으로 판매한 90대를 제외하고 나머지 차량 10대가 남았다. 이 차량들은 UN이사국의 대통령이나 최고의 외교정상들이 이용한 차량이었다. B사는 이들에게 지원되었던 10대에 대해서는 특별경매에 붙였다. 어느 나라 대통령이 탔던 차라는 이름과 그 국가 원수의 사인을 받았다는 프리미엄이 붙어 이 자동차들은 경매를 통해 기존 가격의 2배에 이르는 가격에 팔려나갔다.

정상회담에 사용되었던 자동차를 A사에서는 골칫거리 중고차로 해석했고, B사에서는 이것을 기념품으로 해석했다. 단지 처리해야 할 중고차로만 본 A사는 중고차 처리과정을 통해 차량을 처리했고, 똑같은 차량을 기념품으로 해석한 B사는 자동차를 사용한 VIP에게 사인을 받는 사소한 행동을 통해 더 가치 있는 차로 만들었다. 똑같은 자동차를 중고차로 보는 사람은 중고 처리하게 되고, 기념품으로 보는 사람은 기념품으로 더 비싸게 팔게 되는 것이다.

모든 것이 마찬가지다. 우리가 그것을 어떻게 보느냐에 따라 중고품이 되기도 하고, 기념품이 되기도 한다. 우리 자신도 마찬가지다. 우리도 스스로를 중고품으로 볼 수도 있고, 기념품으로 볼 수도 있다. 내가 나 자신을 어떻게 보느냐에 따라 우리의 삶이 진행되는 것이다.

예를 들어 당신이 야구선수인데 왼손잡이라고 해보자. 당신이 왼손잡이인 것은 야구선수인 당신에게 장점일까, 아니면 단점일까? 그것은 장점도 아니고 단점도 아니다. 단지 특색이다. 그 특색을 장점으로 보면 그것은 장점이 되고, 단점으로 보면 단점이 된다. 특색은 특색일 뿐 그것만으로는 장점도 단점도 아니다. 중요한 것은 그것을 내가 어떻게 장점으로 만드느냐 하는 것이다.

단점이 아닌 장점을 만들어라

어떤 젊은 화가가 있었다. 그는 모든 사람에게 감명을 주는 그림을 그리고 싶었다. 그는 자신의 그림을 복사해서 길거리에 붙였다. 그리고 그림 밑에 이렇게 썼다.

"이 그림의 부족한 부분을 지적해 주십시오."

많은 사람들이 젊은 화가에게 그림에 대한 진지한 의견을 적어주었다. 그날 저녁 그 젊은 화가는 절망에 빠졌다. 그림을 보면 사람들의 지적을 받지 않은 곳이 없었다. 그는 자신의 능력에 대해 의심하기 시작했고 우울한 하루하루를 보냈다. 그리고 급기야 화가가 되겠다는 자신의 꿈을 포기하려고 했다. 그때 젊은 화가를 아끼던 한 선배는 그림에 대한 사람들의 평가를 다시 한 번 받아보자고 제안했다. 그는 젊은 화가의 그림을 복사해 길거리에 붙였다. 그러고는 이렇게 썼다.

"이 그림에서 잘된 부분을 지적해주십시오."

이번에도 사람들은 진지하게 그림에 대한 자신들의 의견을 적어주었다. 사람들은 그림의 거의 모든 부분을 지적했으며 사람들이 잘되었다고 지적한 곳은 이전 사람들이 부족하다고 지적한 부분과 거의 일치했다.

나의 특징은 그것을 어떻게 해석하느냐에 따라 장점이 되기도 하고 단점이 되기도 하는 것이다. 특색이 강하면 강할수록 큰 장점과 큰 단점으로 해석된다. 중요한 것은 나의 특색을 나의 장점으로 만드는 것이다. 상승효과를 만드는 것이다. 그리고 그것은 긍정적인 시각에서 출발한다.

때로는 너무나 명백한 단점도 그것을 어떻게 바라보느냐에 따라 장점으로 만들 수 있다. 2004년 덴마크 코펜하겐에 설립된 소프트웨어 검사업체 스페셜리스테른Specialisterne이 그 대표적인 사례다. 마이크로소프트MS, 오라클Oracle, 컴퓨터 사이언시스CSC 등 대형 고객사를 확보한 이 회사는 50여 명의 직원 가운데 75% 이상이 자폐

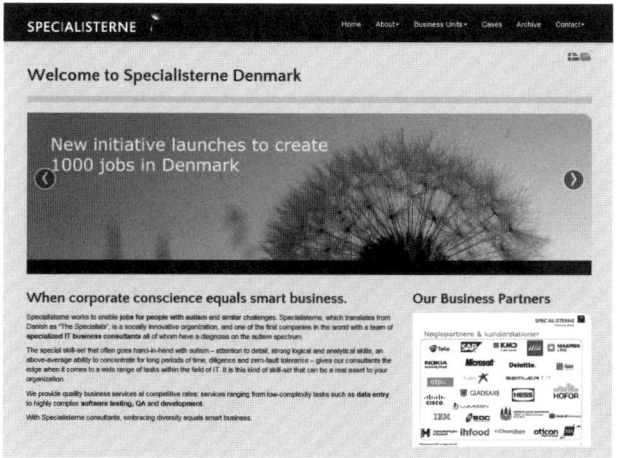

증 환자들이다. 자폐증 환자는 자기표현이나 소통 능력이 부족해 사회 활동이 어려운 사람들이다. 하지만 그들은 섬세한 관찰력과 고도의 집중력을 발휘한다. 주어진 것의 디테일에 집중하는 능력이 필요한 소프트웨어 버그를 찾는 일에는 그들만큼 능력을 발휘하는 사람들이 없다. 이 덴마크 회사는 자폐증 환자들을 고용한 후 업무성과를 향상시키며 최근 5배 이상 향상된 경영성과를 내고 있다. 사회적으로는 자폐증 환자에게 그들의 일을 찾아줌으로써 삶의 목적과 행복을 주는 긍정적인 역할까지 하게 되었다. 자폐 같은 질병도 그것을 어떻게 해석하느냐에 따라 기회를 만들 수 있는 것이다. 모든 기회는 그것을 어떻게 보느냐에 따라 결정된다.

앞에서 말한 것처럼 우리도 자신을 중고품으로 볼 수도 있고, 기념품으로 볼 수도 있다. 나의 특징을 장점으로 볼 수도 있고, 단점으로 볼 수도 있다. 중요한 것은 내가 나의 모습을 멋진 기념품으로 보고 그것에 맞게 더 멋진 나의 장점들을 만들어가는 것이다.

긍정으로 긍정을 만들자

우리의 마음은 행동을 만든다. 그런데 신기하게도 행동이 마음을 만들기도 한다. 내가 20살 때 한 유명한 교수가 이런 말을 들은 적이 있다.

"나는 여자가 '사랑하면 키스해주세요'라고 말하는 것이 정말 바보 같아. 그게 말이 되나? 키스를 해봐야지 이 여자를 사랑할 것인지 말 것인지를 판단할 수 있는데 어떻게 사랑하면 키스해달라는 말이 있을 수가 있어?"

나는 당시에 그 교수의 말을 이해하지 못했다. 물론 지금도 충분히 이해하는 것은 아니다. 하지만 "키스를 하다 보면 사랑이 생길 수도 있겠구나"라는 생각이 들기도 한다. 사랑하면 키스하는 것처럼 키스하다 보면 사랑하게 되기도 한다는 것이다. 행동이 마음을 만드는 것이다.

비슷한 것이 '척'하다 보면 '그렇게' 되는 것이다. 나는 어렸을 적에 부모님이 일을 마치시고 집에 돌아오실 때쯤 장난으로 잠자는 척하다가 실제로 잠이 들었던 날이 많았다. 초등학교 때 친하게 지내던 한 친구는 중학교에 처음 입학했을 때 처음 만난 학생들 앞에서 괜히 센 척하고 막나가는 녀석인 척하다가 실제로 막나가는 문제 학생이 되기도 했다.

무엇이든 '척'을 하다 보면 그렇게 되는 경향이 있다. '착한 척'하다 보면 착한 사람이 되고, '리더십이 있는 척'하다 보면 리더십이 생긴다. '창의적인 척'하다 보면 창의성이 생기고 '인생에 대한 사색이 있는 척'하다 보면 정말 인생에 대한 사색을 하게 되는 것이다.

상승효과를 만드는 매우 효과적인 방법 중 하나가 바로 자신이 원하는 바람직한 방향으로 '척'을 하는 것이다. 여유 있는 척을 하다 보면 여유가 생기고, 마음이 강한 사람인 척하다 보면 실제로 마음이 강해진다.

자신이 원하는 모습으로 선언을 하는 것도 효과적이다. '나는 성공한 사람이다' 또는 '나는 운이 매우 좋은 사람이다'라고 선언하는 것이다. 예를 들어 "내가 성격이 좀 나빠요"라고 말하는 사람이 있다. 그런 선언적인 말을 하다 보면 실제로 그의 성격은 매우 나빠질 것이다. "내가 천성이 좀 게을러서요"라는 말을 하는 순간 그는 게으른 사람이 된다. 따라서 자신이 원하는 바람직한 모습으로 선언을 해야 한다. 착하게 살고 싶은 사람은 "내가 무진장 착해요"라고 누군가에게 말하는 것이다. 리더십을 발휘하고 싶은 사람이라면 "내가 포용력이 있고 인간적인 지지를 받는 사람이에요"라고 입버릇처럼 말하라. 그렇게 하면 나의 모습이 실제로 그렇게 만들어져 간다. 이것이 나의 상황에 플러스를 만드는 매우 효과적인 방법이다.

 ## 피그말리온 효과

미국의 교육학자 로젠탈 R. Rosenthal과 제이콥슨 L. F. Jacobson은 1968년 샌프란시스코의 한 초등학교에서 전교생 650명을 대상으로 지능검사를 실시했다. 이 검사의 실제 점수와는 아무런 상관없이 무작위로 20%의 학생을 뽑아 그 명단을 해당 학교의 교사들에게 알려주면서

'지적 능력이나 학업성취의 향상 가능성이 매우 높다고 객관적으로 판명된 학생들'이라는 통보했다. 물론 교사와 학생들을 속이기 위해 거짓으로 꾸민 말이었다.

8개월 후 이들은 다시 전체 학생들의 지능검사를 실시해 처음과 비교해 보았다. 그런데 놀라운 점이 발견되었다. 명단에 속한 학생들은 다른 일반 학생들보다 평균점수가 매우 높을 뿐만 아니라 예전에 비해 성적이 큰 폭으로 향상된 것이다. 명단을 받은 교사들이 이 아이들이 지적 발달과 학업성적이 향상되리라는 기대를 가지고 정성껏 돌보고 칭찬한 결과였다.

기대를 받은 아이들은 선생님이 자신들에게 관심을 보여주자 공부하는 태도가 변하고 공부에 대한 관심도 높아져 결국 능력까지 변하게 되었다. 처음에는 뭔가를 기대할 수 있는 상태가 아니어도 마음속에서 믿고 행동함으로써 상대를 자신의 기대대로 변하게 만드는 신기한 능력이 우리 마음속에는 있다. 이것을 '피그말리온 효과Pygmalion effect'라고 한다.

대부분의 사람들은 자신의 가치를 낮게 평가하는 경향이 있다. 누구나 내가 보는 나와 남이 보는 나는 다르다. 객관적인 나의 가치는 그 누구도 알 수 없다. 내가 생각하는 나의 가치가 객관적인 나의 가치도 아니고, 다른 사람이 평가하는 나도 실제로 존재하는 나와 꼭 같은 것은 아니다. 어떻게 보면 객관적이고 실제적인 나의 가치는 항상 변하고 있다. 높아졌다가 낮아지기를 반복하고 있는 것이다. 그렇기 때문에 내가 나를 어떻게 생각하느냐는 실제로 존재하는 나의 가치를 만드는 가장 중요한 요소다.

능동적으로
생각하자

 인간이 컴퓨터보다 똑똑한 이유

호주에는 어떤 이유에서인지는 몰라도 1달러 동전이 2달러 동전보다 더 크다고 한다.

호주 2달러 동전

호주 1달러 동전

호주의 한 마을에 존이라는 소년이 있었다. 그는 행동이 어리숙해서 동네 형들에게 바보라고 놀림당하곤 했다. 형들은 존이 나타나면 "존, 이리와 봐" 하고 불러서는 양 손바닥에 1달러 동전과 2달러 동전을 올려놓고 말하곤 했다.

"야, 네가 갖고 싶은 거 아무거나 가져."

존은 항상 1달러 동전을 선택한다. 1달러 동전이 2달러 동전보다 더 크기 때문에 존이 항상 1달러 동전만 집는다고 생각한 동네 형들은 "저런 바보"라고 낄낄거리며 자기네들끼리 가버리곤 했다. 하루는 동네 할아버지 한 분이 존을 불러 이렇게 말했다.

"얘야, 너는 1달러 동전이 크니까 그게 좋다고 생각하지만 2달러 동전은 1달러 동전 2개랑 같은 거란다. 작아 보여도 2달러 동전이 더 좋은 거야."

할아버지의 말에 존은 이렇게 대답했다.

"저도 알아요. 할아버지. 하지만 제가 2달러 동전을 선택하는 순간 다시는 돈을 선택하라고 하지 않을 거고, 그럼 전 용돈이 끊기거든요."

존의 이야기는 인간이 왜 컴퓨터보다 더 똑똑한지를 잘 보여주고 있다. 컴퓨터는 수동적으로 반응적인 사고만을 할 뿐이지만 인간은 능동적으로 전략적인 사고를 할 수 있다. 인간의 위대함은 시키는 것을 수동적으로 대응하는 것이 아니라 스스로 생각하고 능동적으로 상황을 만들어가는 데 있다. 만약 컴퓨터에게 존과 같은 상황에서 동전을 선택하라고 하면 컴퓨터는 항상 2달러 동전을 선택할 것이다.

컴퓨터는 미리 정해놓은 프로그램 대로만 일을 처리한다. 12시에 화단에 물을 주라고 미리 프로그램 해 놓으면 컴퓨터는 어김없이 매일

12시에 화단에 물을 준다. 비가 많이 오는 날에도 컴퓨터는 우산을 쓰고 나가서 화단에 물을 줄 것이다. 추가로 특별한 프로그램을 해놓지 않았다면 말이다.

컴퓨터는 똑똑한 기계의 대명사이지만 반응적이고 수동적인 시스템이라는 면에서는 능동적인 시스템을 가동하는 인간에 비해 훨씬 멍청하다. 그런데 우리는 과연 컴퓨터를 멍청하다고 할 만큼 능동적으로 생각하며 생활하고 있는가? 스스로에게 질문을 해보자. 과연 나는 내일을 스스로 생각하고 능동적으로 살고 있는가?

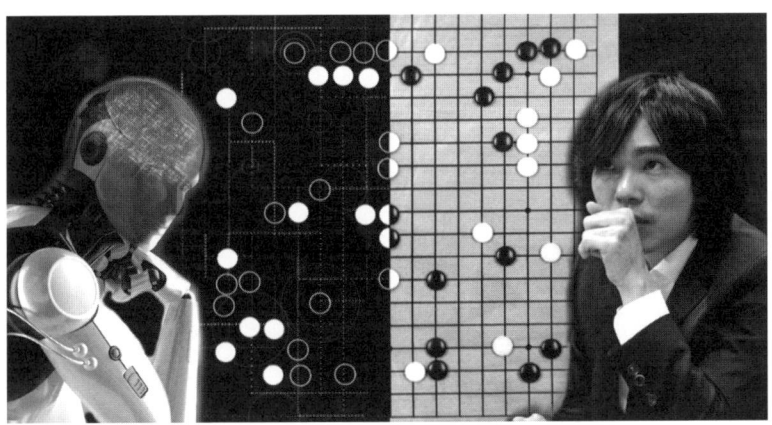

과연 인공지능은 인간보다 똑똑할 수 있을까?
(사진 출처 : SBS「세기의 대결」'이세돌 VS 알파고')

자신의 일에 능동적인 시스템을 가동한다는 것은 어떤 것일까? 가령 자동차 영업사원 A와 B가 있다. A는 고객을 만나면 친절하게 자동차에 관한 소개를 잘 전달한다. 차에 대한 정보도 동료들 중 가장 많이 알고 있고, 모든 고객에게 성실하고 친절하다. 또 다른 영업사원 B는 고객을 만나면 생각을 한다. 그는 나름대로 고객을 다음과 같이 분석한다.

'저 사람은 회계사니까 분석적이고 계산에 능하겠군. 저 사람에게 차를 소개할 때에는 객관적인 데이터로, 연비나 차량유지비 같은 구체적인 숫자를 사용해서 차의 우수성을 설명해야겠어.'

'간호사인 저 사람에게는 숫자를 늘어놓으며 차를 소개하는 건 거부감을 줄 수도 있어. 저 사람에게 차를 소개할 때는 감성적인 말들을 많이 사용해야겠는 걸.'

'저 사람은 방송국의 PD인데, 아마 새롭고 개성이 강한 것을 좋아할 거 같아. 새로 나온 차나 남들이 쉽게 찾지 않는 지프, 스포츠카를 강력하게 추천해야겠는데.'

차에 대한 정보를 가장 많이 외우고 있는 A보다는 능동적으로 생각하는 B가 아마도 더 많은 차를 팔 것이다. 이렇게 상황에 따라 수동적으로 반응만 하는 것이 아니라, 능동적으로 스스로 생각을 하는 것이 창의성을 만드는 것이다.

많은 사람들이 창의성을 수학공식 배우듯이 배우고 싶어한다. 하지만 그렇게 계산하고 공식처럼 배우는 것보다 창의성에 더 필요한 것은 능동적으로 스스로 생각을 시작하는 것이다. 창의성을 발휘해야 받을 수 있는 노벨상, 이 상을 가장 많이 받는 유대인들의 평균 아이큐 I.Q는 95라고 한다. 반면 우리나라 사람들의 아이큐 평균은 105다.

우리는 컴퓨터처럼 머리를 쓰려고 하는 것은 아닌지 돌아봐야 한다. 사람들은 '컴퓨터와 같은 두뇌의 소유자'라고 머리 좋은 사람을 표현한다. 하지만 남이 시키는 계산만을 고도로 잘하는 컴퓨터보다 성능이 낮고 계산능력이 떨어져도 스스로 능동적으로 생각하는 머리가 훨씬 더 창의적인 성과를 만든다는 사실을 기억하자. 계산능력이 아무리 뛰어나도 남이 시키는 것만을 처리하는 머리로는 우리가 원하는 것을 얻을 수 없다. 컴퓨터 같은 두뇌라는 말은 멍청하다는 놀림이나 다르지 않은 것이다. 자신에게 물어보자. 혹시 나도 비 오는 날 12시에 우산을 쓰고 나가서 화단에 물을 주고 있지는 않은가?

우리는 반응적으로 살도록 교육받았다

대부분의 사람들은 주도적이기보다는 반응적이다. 행동이 아니라 생각이 반응적이기 때문에 반응적인 행동이 나오는 것이다. 예전에 어떤 여자 톱 탤런트가 TV 인터뷰에서 좋아하는 남성과 싫어하는 남성에 대해 이야기하면서 다음과 같은 말을 한 적이 있다.

"저는요, 남자가 뭐 할래? 뭐 먹을래? 하고 물어보면 아주 짜증이 나요. 그런 남자와는 다시 데이트하고 싶지 않아요. 저는 '야! 너 짜장면 먹어'라고 하는 남자가 좋아요. 그럼 전 '네 감사합니다' 하고 막 먹어요."

나는 그 여자 탤런트가 말하는 것을 보고 깜짝 놀랐다. 나도 여성에게 "뭐 할까요? 뭐 먹을까요?"를 물어보는 사람인데, 그런 사람을 여자들이 싫어한다는 것 아닌가? 당시에 나는 그 여자 탤런트의 말을 이해하지 못했다. 왜 저렇게 수동적일까? 그 여자만의 문제라고 생각했다. 그러나 사람들은 누구나 수동적일 때 편안함을 느낀다는 것을 나중에 알게 되었다.

사람들은 누구나 수동적일 때 편안함을 느낀다. 자신이 어떤 일을 스스로 만들고 계획하는 것보다는 다른 사람의 지시나 기존의 방법대로 따라서 하기만 하면 되는 일들이 편하다.

자신의 일이어도 마찬가지다. 사람들은 자신의 일이라도 스스로 결정하는 것에 부담을 느끼고 어려워한다. 그래서 '동쪽으로 갈지 서쪽으로 갈지'를 점쟁이에게 가서 묻는다. 점쟁이는 그 사람이 동쪽으로 가면 좋을지 서쪽으로 가면 좋을지 미래를 정확히 모르면서도 단정적으로 말한다. "당신은 동쪽으로 가면 좋아. 동쪽으로 가!" 용한 점쟁이일수록 단정적으로 말한다. 점쟁이가 단정적으로 말할 때 사람들은 더 신뢰하고 그 말대로 실천한다. 그렇게 했기 때문에 복이 왔다고 생각한다. 점쟁이의 '리더십'은 단정적인 어투로 수동적인 사람에게 편안함을 주는 데서 나오는 것이다.

첫째, 반응하지 않고 주도적으로 리드하는 것, 둘째, 다른 사람들이 갖고 있는 수동적인 편안함을 채워주는 것, 셋째, 결과에 비난이 있을 수도 있지만 그런 위험을 자신이 감수하는 책임감을 갖는 것, 넷째, 따라가지 않고 따라오게 하는 것. 이것이 바로 창의적인 것을 만드는 눈에 보이지 않는 강력한 힘이다.

양자택이를
하라

1. 저 사람은 한국인이다.
2. 저 사람은 한국인이 아니다.

위의 두 문장은 하나가 참이면 다른 하나는 거짓이다. 두 문장 모두 참이거나 모두 거짓일 수는 없다. 반드시 하나는 참이고 다른 하나는 거짓이다.

A는 B다.
A는 B가 아니다.

위의 두 문장구조 A와 B에 적당한 단어를 집어넣어서 두 문장이 모두 참이 되게 할 수 있을까? 논리적으로 보면 불가능할 것 같지만 실제로 A와 B에 적당한 단어를 넣어서 두 문장을 모두 참으로 만들 수 있다. 방법은 이렇다.

1. 이 문장은 아홉 글자다.
2. 이 문장은 아홉 글자가 아니다.

A에 '이 문장은'을 넣고, B에 '아홉 글자'를 넣는 것이다. 이렇게 하면 둘 중 하나만이 참이고 나머지는 거짓일 수밖에 없을 것 같은 문제의 상황이 모두 참이 될 수 있다. 놀랍지 않은가? 둘 중 하나만을 선택하는 것, 다른 것은 어쩔 수 없이 포기하는 것, 이것이 우리가 일상에서 자주 경험하는 일이다. 그런데 창의성은 둘 중 하나만을 선택하는 것이 아니라 둘 모두를 갖는 것이다. 두 마리의 토끼를 모두 잡는 것이다. 양자택일의 상황에서 양자택이를 하는 것이다. 자장면을 먹을까? 짬뽕을 먹을까? 고민하는 사람들에게 '짬짜면'을 제공하고, 양념 치킨과 후라이드 치킨을 두고 고민하는 사람들에게 양념 반, 후라이드 반을 제공하는 것처럼 말이다.

어떤 옷 가게에서 고객 환불 문제가 발생했다. 사간 옷을 돈으로 환불해달라는 요구를 하는 고객들이 많은 반면, 가게 주인은 한 번 사간 옷을 돈으로 바꿔주고 싶지 않았다. 환불을 요구하는 고객과 가게 주인 둘 중 한 명만 만족시키는 것이 아니라 둘 모두에게 상호이익이 되게 할 수는 없을까?

매장에서 둘을 모두 만족시키는 아이디어를 만들었다. 옷의 환불을 요구하는 고객에게 110%의 상품권으로 옷을 교환해주는 것이었다. 이 옷 가게의 사장 입장에서는 가게의 돈을 지킬 수 있어서 좋고, 손님은 보상에 만족했다. 매장의 상품권으로 다른 옷과 바꿀 수 있고 내가 지불한 돈보다 10%나 더 비싼 옷을 가질 수 있기 때문에 손님들도 불만이 없었다고 한다. 이런 것이 서로 이해관계가 다른 둘 모두를 만족시키는 것이다.

다음은 인천시 계양구에서 실제로 있었던 사건이다. 구청에 서로 상반되는 민원이 들어왔다. 계양구에는 농사를 짓는 농민들이 많았는데 한여름철 벼가 여물지 않은 상태에서 밤새도록 보안등을 켜 놓아서 농사에 지장이 있다는 민원이었다. 쉽게 말하면 사람처럼 벼도 밤에는 자고 낮에는 광합성을 해야 하는데 밤새도록 보안등이 켜져 있어서 정상적인 성장을 못하고 있다는 것이다. 실제로 밤에 켜 놓는 보안등 때문에 농작물의 수확량이 눈에 띄게 감소하는 상황이었다.

구청은 민원을 받아들여 보안등을 껐다. 그런데 더 심각한 문제가 발생했다. 긴 도로가 밤이면 암흑지대로 변해서 노상강도 사건이 발생하는 등 치안에 큰 문제가 생긴 것이다. 농사를 짓지 않는 주민들은 범죄 예방을 위해 보안등을 켜줄 것을 요구하는 민원을 냈다.

이 문제를 두고 공무원들은 고민했다. 이 문제를 해결하는 방법은 둘 중 하나를 선택하는 것이다. 보안등을 켠다와 끈다 중 하나를 선택할 수밖에 없어 보였다. 그러나 구청의 공무원들은 양자택일이 아닌 두 마리의 토끼를 잡는 양자택이의 아이디어를 생각하기 시작했다. 그들이 찾아낸 것은 무전극 램프였다. 적색 파장의 나트륨 광원은 식물의 광합성을 촉진시키지만, 녹색 파장의 무전극 광원을 사용할 경우에는 엽록소 흡수가 적어 농작물에 피해를 줄일 수 있다는 것이다. 그래서 인천 계양구에서는 전국 최초로 보안등에 무전극 램프를 채택했다고 한다.

이처럼 둘 중 하나만을 선택하는 것이 아니라 두 마리의 토끼를 모두 잡는 것이 창의성이다.

 논리에 대한 새로운 생각

양자택이에 관한 이야기를 좀더 해보자. 다음 빈칸에 같은 말을 넣어서 두 문장이 모두 말이 되게 해보라.

① ☐☐☐☐☐ 은 남쪽에 있다.
② ☐☐☐☐☐ 은 남쪽에 없다.

위 문제의 빈칸에 '지구의 반'이라는 문장을 넣어보자. 그럼 우리는 다음과 같은 두 문장을 얻는다.

① 지구의 반은 남쪽에 있다
② 지구의 반은 남쪽에 없다

앞에서 둘 모두를 갖는 '양자택이'에 대해 말했다. 이를 논리적으로 살펴보자.

'A형 논리'와 'E형 논리'라는 것이 있다. 우리가 일반적으로 사용하는 이분법적인 형식논리가 A형 논리(신의 전지전능을 전제로 펼친 아리스토 텔레스의 논리를 말함)이다. A형 논리를 주장한 학자들 아리스토텔레스Aristoteles, 아우구스티누스Augustine, 토마스 아퀴나스Aquinas의 이름 첫 글자에서 유래한 A형 논리는 2000년 이상 서양 철학과 사상에 강력한 영향을 끼쳤다. 2000년 동안 이분법적으로 선과 악, 빛과 어둠, 지배자와 피지배자 등으로 명쾌하게 나누어 생각한 것이다. 때문에 우리는 이분법적으로 'A이다' 'A가 아니다' 식의 생각에 익숙하다.

반면 E형 논리는 에피메니데스Epimenides, 유브라이데스Eublaides, 에카르트Eckhart의 이름 첫글자에서 유래했다. E형 논리는 이분법적인 논리를 초월한다. E형 논리에서는 'A이면서 A가 아닌 것'이 가능하다. 둘 중 하나가 참이고 다른 하나는 거짓이라는 '양자택일'과 같은 것이 A형 논리라면, 둘 모두 참이 될 수 있는 '양자택이'가 E형 논리인 것이다.

토론회에서 상대를 제압하며 논리적으로 말 잘하는 사람들을 보면 일반적으로 A형 논리의 달인들이다. 그들은 이분법적인 프레임을 만들고, 그 프레임으로 상대와 나를 나눈다. 자신이 속한 쪽이 항상 선이고 정의이며 반대는 그렇지 않다는 A형 논리를 내세운다. 반면 두 사람의 다툼을 보고 '너도 옳고, 다른 너도 옳다'고 말했다는 황희 정승의 일화나 동양의 논리는 E형 논리에 가깝다.

새로운 생각, 남과 다른 시각을 갖기를 원한다면 명쾌하게 구분하는 이분법적인 A형 논리보다 애매모호하고 불확실한 상황을 받아들이는 E형 논리에 좀더 익숙해져야 한다. 과학자들이 '빛이 입자냐? 파동이냐?' 둘 중 하나로 성질을 규명하려고 하다 '빛은 입자이며 동시에 파동이다'라는 결론을 내린 것처럼 말이다.

혹시 자신이 확실한 것, 명쾌한 것만을 추구하며 이분법적으로 생각하는 A형 논리에 매몰되어 있다면 애매모호하고 불확실한 상황에 유연하게 대처하기 위해서는 E형 논리가 필요하다는 생각을 가져보자. 창의적인 새로운 아이디어는 대부분 E형 논리로 만들어진다. 때문에 창의력을 발휘하려면 앞뒤가 맞지 않는 모순적인 상황을 피하는 A형 논리보다는 모순의 상황을 받아들이고 그 속에서 어떤 해결안을 만드는 E형 논리가 필요하다.

실험실의 상황처럼 모든 조건이 파악되고 통제 가능하다면 A형 논리가 효과적일 수도 있다. 하지만 현실에서는 나의 의도대로 통제되지도 않고 때로는 조건조차 파악되지 않는 경우가 많다. 그런 애매모호하고 불확실한 상황에서는 명쾌하게 분석하는 계산적인 생각에 갇히기보다는 또 다른 가능성을 생각하며 모순까지 끌어안는 또 다른 논리를 생각해보는 것이 좋다.

비즈니스 사례를 찾아보자. 인터넷 사이트의 주 수입원은 광고다. '정보'를 제공하고 '광고'를 실어서 돈을 버는 것이다. 그런데 이용자 입장에서는 정보는 보고 싶지만 광고는 보고 싶지 않다. 이런 상황에서 E형 논리로 생각하면 정보도 제공하고 광고도 동시에 제공하는 것이 가능하다. 이런 모순된 상황을 해결하며 성공한 회사가 구글이다.

구글은 사람들이 검색하는 정보에 맞춤으로 광고를 제공하여 사용자가 광고를 거부감 없이 받아들이게 했다. 가령, 여자친구에게 줄 생일선물을 검색하는 남자에게 '꽃을 선물하면 좋다'는 정보를 제공하며 동시에 꽃 가게 광고를 싣는 것이다. 사용자는 광고인 꽃 가게를 클릭해 들어가서 손쉽게 꽃을 구입한다. 사용자도 편해서 좋고, 광고주 입장에서는 충성도 높은 고객에게 광고를 하는 것이라 더 많은 돈을 지불하더라도 광고를 하게 되는 것이다.

구글의 인사담당자가 인터뷰한 내용을 본 적이 있다. 전 세계에서 젊은이들이 가장 취직하고 싶어하는 구글이기에 기자는 인사담당자에게 '스펙이 좋은 사람을 먼저 뽑지 않느냐?'는 질문을 했다. 당시 구글의 인사담당자의 말이 너무 인상적이었다. 그는 신입직원들의 출신학교를 보여주며 자신들은 스펙으로 사람을 뽑지 않는다고 말했다. 그러면서 그는 이렇게 말했다.

"스펙으로 사람을 뽑는 것은 게으르게 일하는 방식입니다. 저희는 부지런하게 일합니다. 저희가 필요한 사람을 꼼꼼히 따져보고 직접 확인하며 뽑습니다."

게으르게 일하는 방식이 있고, 부지런하게 일하는 방식이 있다. 마찬가지로 게으른 생각이 있고, 부지런한 생각이 있다. 남과 비슷하게 하려고만 하고 과거와 같은 방식으로만 생각한다면 그것은 분명 게으른 생각인 것이다. 우리는 부지런하게 생각해야 한다. 둘 중 하나를 쉽게 선택하는 게으른 생각이 아닌 두 마리 토끼를 모두 잡는 부지런한 생각 말이다. 창의성은 부지런한 생각에서 얻어지는 것이다.

다르게 생각하는 연습

8강

불확실함을 피하지 마라

_ 생각의 공식 7

불확실성과 행운

　15세기 이후 유럽인들은 바다로 진출해 신대륙을 발견하고 식민지를 개척하면서 부강해졌다. 당시 유럽인들이 바다를 항해하게 된 주된 이유는 후추 때문이라고 한다. 유럽 사람들은 넉넉하지 않은 고기를 소금에 절여 보관해 먹었기 때문에 요리를 할 때 후추가 가장 중요한 재료였다. 후추는 동양과 무역을 해서 얻을 수 있었는데, 15세기 터키 지역에 등장한 오스만 튀르크가 강력한 힘을 얻으면서 무역을 차단한 것이다. 유럽인들은 어쩔 수 없이 바다로 나가 무역항을 개척하게 되었고, 그런 노력은 우연하게 식민지의 개척이라는 뜻밖의 수확으로 이어졌다. 인류의 역사를 살펴보면 이렇게 뜻밖의 수확을 하는데 운이 중요하다는 것을 자주 보게 된다.

운 좋은 사람들의 특징

성공하고 부자가 되기 위해서는 무엇이 필요할까? 사람들과 이야기해보면 열정, 노력, 비전, 긍정적인 생각, 창의성, 리더십 등 다양한 요소를 말한다. 그 가운데 빠지지 않는 성공 요소가 바로 운이다. 운이 좋은 사람이 성공한다는 것이다. 재미있는 연구를 많이 하는 영국의 심리학자 리처드 와이즈만Richard Wiseman 박사는 운이 좋은 사람들을 연구했다. 운이라는 것은 동전 던지기처럼 공평하게 오는 것이 아니다. 운이 좋은 사람은 항상 운이 좋고, 운이 없는 사람은 항상 운이 없다. 그래서 운이 좋은 사람은 어떤 특징이 있다고 생각할 수 있다. 리처드 와이즈만의 연구 결과를 한마디로 요약하면 운 좋은 사람들은 불확실성을 즐긴다는 것이다.

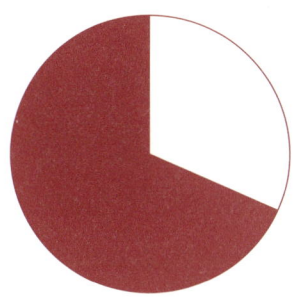

내가 하는 일의 성공에
운은 몇 퍼센트 정도 영향을 줄까?

운이 별로 없는 사람은 항상 확실한 것을 찾고 불확실한 상황에 자신을 노출시키지 않는데 반해 운이 좋은 사람은 불확실한 상황에 더 많이 동참한다는 것이다. 확실하게 계산이 가능한 일에는 대박도 없고 큰 기회도 없다. 항상 큰 기회는 불확실하고 불가능해 보이는 일을 성사시켰을 때 얻어진다.

 ## 불확실함을 피하는 사회

불확실한 것에 대해 우리 사회는 어떻게 반응하는가? 네덜란드의 사회학자 홉스테드 교수는 '여러 나라들이 불확실성에 대해 어떤 태도를 보이는가?'에 대해 연구했다. 그의 연구에 따르면 불확실성을 견디는 힘이 있는 사회는 미래에 대해 별로 위협을 느끼지 않아서 일을 열심히 하지 않게 된다고 한다. 대신 자신이 좋아하는 일을 찾아서 하고 결과와 상관없이 몰입하기 때문에 오히려 혁신적인 결과를 많이 낸다고 한다. 또 이런 사회의 구성원은 다른 사람의 의견이 자기의 것과 달라도 별로 신경을 쓰지 않는 경향이 있다. 따라서 사회적으로 다양성이 커지고 다양한 가치가 존중되고 있다.

반면 불확실성을 가능하면 피하고 싶어하는 사회에서는, 초조, 불안 등이 뚜렷하게 나타나고, 항상 바쁘고 안절부절 못하며 감정적이고 공격적이며 활동적이라고 한다. 이런 사람들은 열심히 일하거나 최소한 항상 뭔가로 인해 바빠야 한다고 생각하는 반면 행복감이 낮다. 선과 악, 자신과 남에 대한 구별이 뚜렷해 외국인 등에 대한 거부감이 많다고 한다.

그의 연구에 의하면 한국은 '불확실성 기피지수 Uncertainty Avoidance Index'가 상당히 높은 국가에 속한다. 이 지수는 불확실한 상황이나 미지의 상황으로부터 위협을 느끼는 정도를 의미하는데, 한국은 지수가 높은 반면 OECD 혁신역량 순위가 높은 스웨덴, 덴마크, 미국 등은 이 지수가 매우 낮다. 불확실성 기피지수와 미래혁신역량의 관계가 반비례하는 것이다.

  홉스테드 교수의 연구는 불확실함을 피해 확실한 현재에 안주하면 미래가 불확실해지고, 불확실한 현재를 잘 견디어 내면 미래가 확실해진다는 다소 역설적인 관계를 보여주는 결과다. 우리나라의 많은 청년들이 확실하고 안정적인 직장을 원해 대기업에 취업하고 싶어하고 공무원이 직업으로 인기가 높다는 뉴스를 보면 우리 사회가 불확실성을 감수하며 도전하지 않는다는 것을 알 수 있다. 매우 안타까운 현실이다. 과거와 달리 절대 빈곤에 빠질 가능성이 매우 낮은 사람들도 항상 불안해하고 자신이 하고 싶은 일에 도전하지 못한다. 이렇게 불안해하고 확실하고 안정적인 것만 찾는다면 새로운 창조는 없는 것이다.

불확실성을 견디는 힘이 있는 사회	불확실성을 피하고 싶어하는 사회
● 미래에 대한 위협 적음, 일 열심히 안 함 ● 하고 싶은 일에 집중하며 혁신적인 결과 만듦 ● 다른 사람의 의견 크게 신경 쓰지 않음 ● 서로 이해하며 다양성이 존중됨	● 항상 바쁘고 초조하고 불안해함 ● 열심히 일하고 바쁘지만 행복감이 낮음 ● 선과 악 그리고 자신과 남에 대한 구별이 뚜렷해 외국인 등에 대한 거부감이 많음 ● 감정적이고 공격적이며 활동적임

불확실성 회피지수
네덜란드의 사회심리학자 홉스테드의 연구, 세계 여러 나라들의 성향을 조사함

행운의 법칙

　행운의 법칙은 콜럼버스가 아메리카 대륙을 발견하듯이 얻어진다. 콜럼버스는 인도를 향해갔지만 그는 인도에 도착하지 못했다. 그렇다고 그의 비즈니스가 실패한 것인가? 아니다. 그는 더 값어치 있는 아메리카 대륙을 발견했다. 이것이 대표적인 행운의 법칙이다.

　대부분의 일이 비슷하다. 어떤 계획을 갖고 목표를 정해서 열심히 해도 계획대로 되는 일은 거의 없다. 대부분의 사람들이 마찬가지다. 계획대로 되는 일은 정말 많지 않다. 하지만 계획대로 되지 않아도 계획을 갖고 열심히 하다 보면 처음에는 상상하지도 못했던 더 멋진 결과를 얻게 된다. 콜럼버스가 아메리카 대륙을 발견한 것처럼 말이다. 심장병 약을 개발하려던 화이자제약이 발기부전에 효과가 있는 비아그라를 우연히 만들게 되고, 강력한 접착제를 만들려던 3M이 우연히 포스트잇을 만든 것처럼 생각지도 못했던 아이디어는 확실한 계산이 아닌 우연으로 만들어진다.

　콜럼버스가 인도로 출발했던 것은 잘못된 계산법을 사용했기 때문이라고 한다. 콜럼버스는 지구가 둥글고 그 둘레는 약 29,000km라는 그리스 천문학자 프톨레마이오스의 주장을 믿었다. 콜럼버스는 인도까지의 거리가 4,345km라고 계산했는데 이 거리는 인도까지 실제거리의 1/6에 불과했다. 당시의 배로는 인도까지 갈 수 있는 식량을 모두 실을 수 없었다. 콜럼버스가 인도까지의 거리를 정확하게 알고 있었다면 그는 인도로 출발하지 않았을 것이다.

　포르투갈이 콜럼버스의 항해에 지원을 거부한 것은 지구가 평평하다고 믿었기 때문이 아니다. 그들도 지구가 둥글다고 생각했지만 지구의 둘레를 그리스의 수학자 에라토스테네스가 계산한 40,000km 정도라고 믿었기 때문이다. 이것은 정확한 계산이다. 포르투갈 사람들은 콜럼버스보다 똑똑했고 더 정확한 계산을 하고 있었기 때문에 인도로의 항해를 출발하지 않았던 것이다. 하지만 무식하게 도전했던 콜럼버스는 신대륙을 발견했고, 계산만 하고 있었던 다른 사람들은 그의 성공을 구경만 하게 되었다.

우리는 논리적이고 분석적인 계산을 하면서도 불확실함에 도전해야 한다. 콜럼버스처럼 잘못된 계산을 하는 것이 아니라 포르투갈 정부처럼 정확한 계산을 해야 한다. 그러면서도 다른 사람들이 배에 식량을 채울 수 없다고 포기하고 있을 때 항해 중간에 식량을 채울 수 있는 방법을 만들고 도전해야 한다. 계획대로 되지 않을 수도 있다. 하지만 콜럼버스가 인도에 도착하지는 못했지만 아메리카 대륙을 발견한 것처럼 어쩌면 더 큰 행운을 만들 수도 있다. 계산적이면서도 도전적이어야 한다. 행운은 대부분 이렇게 만들어진다.

창의적인 사람들의
비밀

 창의적인 사람의 특징, 불확실성 수용

　창의적인 사람의 가장 큰 특징 중 하나는 불확실성을 즐긴다는 것이다. 새로운 일은 언제나 불확실함을 동반한다. 성취하고자 하는 것은 언제나 그 결과가 불확실하다. 누군가를 좋아하기 시작할 때도 거절의 불확실함에 맞서야 한다. 물건을 파는 세일즈맨은 거절당할지도 모르는 불확실함에 맞서야 한다. 반대로 물건을 살 때도 만족할 수 있을지에 대한 불확실함에 망설이게 된다. 새로 가정을 꾸리고 사업을 시작하는 등 뭔가 새로운 것을 시작할 때 역시 불확실하고 애매모호한 것이 있기 마련이다.

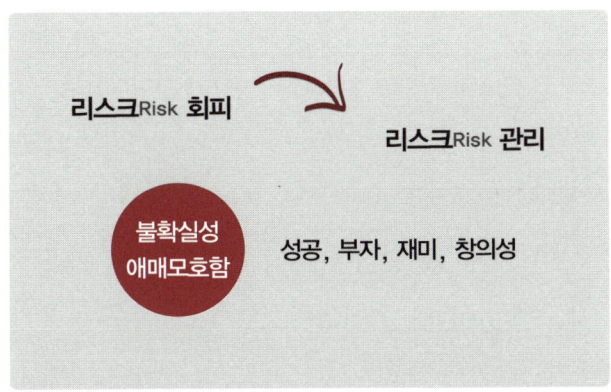

　그대로 머물러 있지 않고 뭔가 새로운 변화를 시작하기 위해서는 애매모호한 상황을 잘 받아들이는 태도, 위험을 감수하고 불확실함을 견디는 과정이 필요하다. 때로는 불확실함을 즐기는 태도도 필요하다.

　확실함은 예상 가능해 마음의 안정을 준다. 하지만 모든 것이 확실하고 예상 가능하다면 인생은 분명 재미없을 것이다. 따분하고 지루한 인생이 아니라 생기가 넘치고 즐거운 인생을 위해서도 불확실함을 우리의 인생에 끼워 넣는 것이 필요하다. 마음의 여유를 갖고 불확실함을 즐겨보는 것이 필요하다. 우리가 가치 있게 생각하는 많은 것들, 꿈을 갖고 큰 목표를 세우고 기회를 발견하고 도전하는 일들은 기본적으로 불확실함에서 출발한다. 불확실함은 피하기만 할 것이 아니라 도전해야 할 대상이다.

　대부분 사람들은 매우 계산적이다. 물론 계산적이고 확실하게 생각하는 것은 매우 좋은 태도다. 확실하게 생각하는 것이 우리 교육의 목표이기도 하다.

　뜨거운 물에 개구리를 넣으면 개구리가 뜨거워서 뛰쳐나오지만,

미지근한 물에 개구리를 넣고 물을 천천히 가열하면 개구리는 변화를 느끼지 못하고 가만히 있다가 삶아져 죽는다고 한다. 변화, 혁신을 이야기할 때 한번쯤 들어본 이야기다. 하지만 이 이야기는 거짓말이다. 개구리도 물의 온도가 적정선 이상으로 올라가면 뛰쳐나온다고 한다.

누군가 이런 이야기를 하면 우리는 그냥 '그렇구나' 하고 받아들인다. 하지만 똑똑한 사람이 되기 위해서는 누군가 그렇게 이야기하면 실제로 개구리가 죽는지를 확인해야 한다. 다른 사람의 말이나 자신의 생각을 확인하는 것, 확실한 것을 추구하는 것, 비판적인 사고를 하는 것이 똑똑한 사람이 되는 길이다.

또 하나 우리가 분명히 알아야 할 것은 논리적이고 분석적으로 확인하려 해도 확인할 수 없는 일들이 많다는 것이다. 그리고 세상은 계산적으로만 돌아가지 않는다는 사실이다. 계산상 맞지 않아 할 수 없어 보이는 일도 그것을 현실로 만들려는 사람들의 도전에서 새로움은 창조된다. "인생의 가장 큰 리스크Risk는 리스크Risk를 피하기만 하는 것이다." 경영을 하는 사람들이 가장 많이 하는 말이다. 우리는 계산적이면서도 도전적이어야 한다.

 그럼에도 불구하고

창의성이나 성공학 분야에서 가장 중요한 단어 중 하나가 '그럼에도 불구하고'이다. 모든 사람이 기대하고 당연하게 될 것이라고 생각되는 일은 그것을 성공시켜도 큰 가치가 없다. 대박도 없다. 하지만 누구도 기대하지 못하던 일, 모두 안 될 것이라고 여겨지던 일을 '그럼에도 불구하고' 성공시킨다면 거기에 큰 가치가 있다. 대박이 있는 것이다.

창의성을 발휘하고 성공 스토리를 만들고 싶다면 '그럼에도 불구하고'를 생각해야 한다. '그럼에도 불구하고'란 표면적으로 안 되는 것처럼 보이는 일에도 어딘가에는 분명 방법이 있다고 생각하는 마인드를 갖는 것이다. 가능성이 보이지 않거나 때로는 이론적으로 불가능한 일이라도 뭔가 방법이 있다고 생각하는 것이다.

이런 이야기를 들은 적이 있다. 어느 호텔의 CEO가 외국에 여행을 갔는데 매번 같은 호텔로 갔다고 한다. 그런데 호텔의 프런트 직원이 얼굴만 보고도 "또 방문해주셔서 감사합니다"라고 인사를 하는 것이었다. 그는 매우 큰 인상을 받고 자신의 호텔에서도 2번 이상 방문한 고객에게는 그렇게 인사를 하면 좋겠다고 생각했다. 돌아가자마자 상대방의 얼굴을 인식해서 한 번이라도 왔던 적이 있는 사람을 알아보는 컴퓨터 시스템을 갖추자고 했다. 하지만 비용이 너무 많이 들어 포기했다고 한다. 자신들의 비즈니스 규모에서는 그런 시스템을 도입하는 것이 무리라고 판단한 것이다.

시간이 지나 다시 그 나라에 여행을 갔을 때 자신에게 "또 방문해주셔서 감사합니다"라고 말하는 직원에게 물었다. "어떻게 나를 기억합니까?" 그 직원은 자신들의 방법을 솔직하게 이야기해줬다. 그들의 방법은 이랬다. 택시를 타고 공항에서 호텔로 오는 중간에 택시 기사가 "이 호텔에 온 적이 있으세요?"라고 묻는다는 것이다. 온 적이 있다고 하면 짐을 왼편에, 처음 가는 호텔이라고 대답하면 짐을 오른편에 내려놓는다는 것이다. 직원은 방문 여부를 기사를 통해 판단하며 그 대가로 택시 기사에게는 1달러씩 팁으로 주고 있다는 것이다.

비즈니스 규모에 비해 비용이 너무 많이 들어서 포기했던 일, 기술적으로 난이도가 높아서 포기했던 일, 현실적인 제약으로 그만두었던 일, 이런 모든 일들이 '그럼에도 불구하고' 어떤 방법으로든 해결될 수 있다. 그냥 손 놓고 마는 것보다는 된다는 보장이 없어도 그럼에도 불구하고 정신을 발휘해보는 것이 필요하다.

야구 경기를 보면 1년에 한두 번 홈스틸이 나온다. 홈스틸이란 3루에 있던 주자가 투수가 던지는 공보다 더 빨리 홈으로 뛰어드는 것이다. 투수의 공보다 주자가 더 빨리 홈으로 뛰어드는 것은 불가능하다. 투수들은 시속 140~150km로 공을 던진다. 더구나 3루 베이스는 투수가 던지는 플레이트보다 뒤에 있다. 사람이 더 먼 곳에서 공보다 더 빨리 달리는 것은 불가능하다. 그런 불가능한 일이 1년에 한두 번씩 나오는 것이다. 그런데 생각해보면 홈스틸만이 아니라 모든 도루는 이론적으로 불가능한 것이다. 사람이 공보다 더 빨리 달릴 수는 없다. 투수만 아니라 포수도 매우 빠르게 홈에서 2루까지 공을 던진다. 이론적으로 생각하면 모든 도루는 불가능하다. 하지만 '그럼에도 불구하고' 매 경기에 1~2번의 도루는 일어난다.

지금 포기하고 있는 일들 또는 어려운 장벽에 부딪힌 일들, 하고 싶은데 엄두가 안 나는 일들이 있다면 그럼에도 불구하고의 마인드로 도전해보자.

작은 차이의
힘

　사소한 작은 차이가 큰 결과의 차이를 만든다. 대단한 일을 하고 싶은 사람이라면 오히려 작은 것에 집중해서 그 차이를 만들어보는 것이 좋다. '100 + 1 = 101'이 아니라 현실에서는 '100 + 1 = 200'인 경우가 더 많다. 사소한 것 하나를 더하면 더해진 하나만큼의 효과가 있는 것이 아니라 2배 이상의 효과가 생기는 경우가 많다는 의미이다. 또 '100 − 1 = 99'가 아니라, 현실에서는 '100 − 1 = 0'인 경우도 많다. 예를 들어 하나의 불량 때문에 전체를 판매할 수 없게 된다면 '100 − 1 = 0'이 맞다. 반대로 하나의 작은 배려와 친절이 2배의 주문을 유발했다면 '100 + 1 = 200'이 맞다. 획기적이고 대단한 것을 생각할 때는 사소한 것 하나를 바꿔보자. 그것에 강력한 힘이 있다.

$$100 + 1 = 200$$
$$100 - 1 = 0$$

1%의 가능성이라도 믿고 달려라

우리는 자신의 삶에도 사소한 작은 차이를 만들어야 한다. 엄청나게 돈을 많이 번 사람들이나 위대한 성과를 올린 사람들을 보면 "나는 언제 저렇게 돈을 벌고 성공할까?" 하는 생각이 든다. 그러다가 '나는 죽었다 깨어나도 저렇게 부자가 되고 성공하지는 못할 거야'라는 절망이 들기도 한다. 하지만 많은 일은 사소한 작은 것에서 시작된다. 타율이 2할8푼인 야구선수와 타율이 3할3푼인 야구선수는 단지 5푼의 차이로 연봉이 10배나 차이날 수 있는 것처럼 말이다. 한국 프로야구 통산 최다 안타 기록을 갖고 있었던 양준혁 선수는 한 인터뷰에서 이렇게 밝혔다.

"제 통산타율이 3할1푼6리인데 내야안타가 159개입니다. 아웃될 것 같아도 1루까지 죽기 살기로 뛰는 거죠. 열심히 뛰면 상대 내야수도 다급해지기 때문에 에러가 나옵니다. 포수가 송구 실책을 하면서 결승타가 되기도 합니다. 그게 없었으면 저도 2할9푼 타자에 불과했을 겁니다. 자세는 한 끗 차이지만 결과는 하늘과 땅 차이인 셈이죠. 단 1%의 가능성이라도 믿고 달려야 합니다."

우리도 사소한 작은 차이를 만들어보자. 0.01초의 승부를 위해 자신의 머리카락을 모두 자르는 수영선수의 CF를 본 적이 있다. 작은 차이를 만들어야 한다. 1%의 가능성이라도 믿고 달려야 한다. 그것이 위대한 결과를 만드는 일반적인 공식이다.

 ## 내가 세상을 바꿀 수 있다

"내가 세상을 바꿀 수 있을까?"

아주 유치한 질문으로 보이지만 이 질문에 판단의 근거를 갖고 진지하게 답해보자. 당신은 세상을 바꿀 수 있는가? 사람들은 낙담하고 절망감에 빠질 때 한 번쯤 이런 생각을 한다.

'내가 세상에서 없어져도 세상은 별일 없이 잘 돌아가겠지.'

세상은 넓다. 한 개인으로서의 나는 이 넓은 세상에 어떤 영향도 주지 못하면서 살고 있는 것 같다. 더구나 내가 세상을 바꿀 수 있다는 것은 터무니없는 이야기로밖에 들리지 않는다. 하지만 나는 한 개인에 의해 세상이 충분히 바뀔 수 있는 것이 아닌가 하는 생각을 한다. 몇 가지 사례를 살펴보자.

- 지구의 모든 사람들은 6번의 단계를 거치면 모두 만날 수 있다.

제주도에서 농사를 짓는 어떤 젊은이에게 편지를 주며 미국 텍사스 주의 어떤 할아버지에게 그 편지를 전달하게 한다. 물론 둘은 전혀 모르는 사람들이다. 전달방법은 자신이 아는 사람을 통하는 것이다. 다시 말해 그 젊은이가 아는 사람에게 편지를 주고, 그 사람이 또 자신이 아는 사람에게 편지를 주는 방식으로 아는 사람을 통해서만 편지가 텍사스 주에 있는 어떤 할아버지에게 도착하기 위해서는 중간에 몇 명을 거치면 될까? 놀랍게도 실험을 통해 밝혀진 그 숫자는 6이다. 다시 말해 지구의 모든 사람들은 6단계를 거치면 모두 만날 수 있다는 것이다.

● 나비효과

카오스 이론에 등장하는 나비효과에 따르면 북경에서 나비가 날개짓을 하면 그 영향으로 뉴욕에 폭풍우가 몰아칠 수 있다고 한다. 물론 모든 나비의 날개짓이 폭풍우를 만드는 것은 아니다. 나비효과는 아주 작은 초기값의 차이가 결과적으로는 엄청난 차이를 가져올 수 있다는 것을 보여준다.

● 바이러스의 전파

만약 내가 독감에 걸렸는데 그 독감의 특징은 잠복기가 있어서 독감의 잠복기 동안 바이러스를 100명에게 전한다고 하자. 그럼 그 독감이 번지는 위력은 얼마나 될까? 독감에 걸리는 사람의 숫자는 처음 100명에서 어느 순간 1만 명으로, 또 어느 순간 100만 명이 된다. 잠복기가 약간 길어서 3단계를 전파하고 발견되었을 때는 이미 100만 명의 사람이 독감에 감염된 후다.

이제 앞의 질문을 다시 생각해보자. 나는 "한 개인인 내가 세상을 바꿀 수 있을까?"라는 질문에 그렇다고 답하고 싶다. 나에게서 출발한 '나의 영향력'이 마치 바이러스가 전파되는 것처럼 번진다면 세상은 바뀔 것이다.

 ## 소수의 지지자를 만들자

구체적으로 어떤 방법으로 세상을 바꿀 수 있을까? 내가 바꾸려고 하는 것의 가치를 진실하게 전달하며 나를 강력하게 지지하는 소수의 사람들을 만드는 것이다. 내가 진실한 가치를 창출하며 소수의 지지자를 만들면 된다. 처음부터 100명, 1,000명의 지지자는 필요 없다. 나를 강력하게 지지하는 소수의 사람이 필요하다.

교회의 부흥회를 관찰해보자. 부흥회에 100명의 사람들이 참석했다. 그들이 모두 웃고 있다면 어떻게 웃게 되었을까? 모두 동시에 마음이 맞아서 웃음을 터트렸을까? 일반적으로 100명이 웃게 되는 과정은 이렇다. 1명이 웃는다. 곧 5~6명이 따라서 웃는다. 그러면 100명이 모두 웃는다. 그러나 1명이 웃었는데 그를 따라 웃는 5~6명이 없다면 1명은 바보가 된다.

이런 관계는 웃고 우는 경우에만 적용되는 것이 아니다. 당신은 부흥회에서 당신이 원하는 타이밍에 100명이 모두 박수를 치게 할 수도 있다. 100명이 박수를 치는 경우도 마찬가지다. 1명이 박수를 친다. 그때 5~6명이 박수를 친다. 그럼 100명이 모두 박수를 친다. 물론 이 경우에도 바보가 되는 경우는 존재한다. 1명이 박수를 쳤는데 따라서 박수치는 5~6명이 없다면 혼자서 박수를 치고 있는 사람이 바보가 된다.

중요한 것은 나를 강력하게 지지하는 소수의 사람들을 만드는 것이다. 장사를 한다고 생각해보면 그저 그런 사람 여러 명보다 나의 상품이나 서비스를 강력하게 좋아하는 단골이 중요한 것이다. 젊은 시절 보석상을 해서 큰 부자가 된 어떤 사람의 세일즈 비법을 들은 적이 있다. 그는 처음 보석상을 시작할 때 대부분의 사람들이 그렇듯이 남다른 세일즈 기술이나 마케팅 기법을 갖고 있지 않았다고 한다. 하지만 그의 가게는 1년 만에 근처의 다른 어떤 가게들을 합쳐놓은 것보다 커졌다. 그의 비결은 단 한 가지였다. 그는 자신의 고객에게 매우 친절했고 최고의 서비스를 했다. 그리고 자신의 고객들에게 이렇게 요구했다.

"제가 파는 보석이 다른 가게의 보석보다 질이 좋고 저의 서비스에 만족하셨다면 다른 고객을 소개해주세요. 당신이 써보고 만족하면 다른 사람들을 소개하는 겁니다. 당신이 고객을 소개하면 당신은 제가 지불해야 하는 광고 홍보비를 줄여준 겁니다. 그에 대한 사례로 1년 한정 할인쿠폰을 선물로 드리겠습니다."

그는 단골 고객을 확보하는 것에서 한발 더 나아가 자신을 지지하는 강력한 후원자들을 만들었던 것이다. 가끔 어떤 세일즈맨을 보면 자기 물건이나 서비스를 하나라도 더 팔려고만 생각하는 사람들이 있다. 그러나 그들이 진정으로 배워야 하는 것은 앞의 성공한 부자처럼 자신을 지지하는 후원자를 만드는 것이다.

어떤 젊은 치과의사가 처음 개업을 하면서 10명에게 친절하게 대했고, 그들이 치과의사를 지지하게 만들었다고 하자. 그 10명의 사람들이 각각 자신이 알고 있는 사람들을 만나면 치과의사를 칭찬한다고 생각해보라. 몇 단계만 거쳐도 치과의사의 고객은 급속도로 늘어나는 것을 알 수 있다.

큰 폭풍도 처음에는 아주 작은 것에서 시작한다. 소수라도 당신을 지지하는 강력한 지지자가 있다면 당신도 폭풍을 만들 수 있다. 바이러스가 무섭게 번지듯 말이다. 그렇게 당신은 세상을 바꿀 수 있다.

다르게 생각하는 연습

9강

완벽주의자가 아닌
경험주의자가 되라

_ 창의력은 실행이다

안정의
패러독스

 젖소를 절벽에서 밀어버린 이유

어느 마을에 나그네들이 왔다. 스승과 제자였는데 그들은 마을 초입에 있던 황량한 농장에서 하루를 머물렀다. 주변 환경이 좋은 곳임에도 불구하고 농장의 주인은 낡은 집에 누더기 차림의 옷을 입고 매우 어렵게 살아가고 있었다. 그 농장에는 큰 젖소가 한 마리 있었는데 젖소에서 나오는 우유로 겨우 생계를 유지하고 있었다. 젖소가 그들의 유일한 생계수단이었던 것이다. 그들을 매우 딱하게 여겼던 스승은 한밤중에 몰래 젖소를 절벽으로 끌고 가 떨어뜨렸다. 스승의 기이한 행동에 제자는 아무 말도 못했지만 매우 큰 죄책감이 들었다. 가족의 유일한 생계수단인 젖소를 절벽에서 떨어뜨렸으니 그들의 앞날이 너무나 걱정됐다.

마을을 떠난 다음에도 제자는 그 가족이 너무나 걱정스러웠다. 몇 년 후 마을을 다시 찾은 제자는 예전에 머물렀던 농장을 찾았다. 그런데 놀랍게도 농장은 아름답고 풍요롭게 변해 있었다. 농장 주인은 자신을 찾아온 제자에게 그간에 있었던 이야기를 들려주었다.

"젖소가 없어지자 저희는 너무 막막하고 절망스러웠습니다. 어쩔 수 없이 저희는 나무를 베어 팔고 농사를 시작했습니다. 채소와 허브 농사를 짓고 나무도 심어 키워서 팔았습니다. 그렇게 몇 년이 지나자 지금처럼 모든 것이 바뀌기 시작한 겁니다. 우리에게는 젖소가 유일한 희망이었는데 그때 젖소가 절벽에서 떨어진 것이 얼마나 다행인지…."

위기가 기회라는 말을 많이 한다. 위기를 '위험한 기회'라고 말하며 어렵고 힘든 상황을 오히려 잘 극복하고 현명하게 대처하면 큰 기회를 얻게 된다고 강조한다. 사실 모든 기회는 변화에 있다. 변화가 크게 일어날 때 그 변화에 잘 적응하지 못해 큰 낭패를 보는 사람도 있고, 오히려 변화의 방향을 잘 잡아서 큰 기회를 얻는 사람도 있다. 모든 변화는 어렵고 힘든 위기처럼 다가온다. 그 상황에서 위기를 기회로 만드는 것이 창의성을 발휘하는 것이다.

"어려운 문제가 나타나면 '기회'라고 생각해야 해! 쉬운 문제나 평범한 문제는 다른 친구들도 모두 풀잖아. 성적 차이가 생기는 건 어려운 문제에서야. 다른 친구들이 풀지 못하는 어려운 문제를 풀었을 때 차이가 생기는 거잖아. 무엇이든 차이를 만들어야 해! 그 차이는 쉬운 문제가 아닌 어려운 문제에서 생기는 거야!"

시험을 보는 아이들에게 많이 했던 말이다. 무엇이든 '차이different'를 만들어야 하는데, 그런 차이는 쉬운 문제에서 생기는 것이 아니라 어려운 문제에서 생긴다. 어려운 문제는 남들과 성적의 격차를 벌릴 수 있는 기회다. 그렇게 말하고 나면 항상 나 자신에게 그런 말들이 되돌아온다.

"나는 지금 나에게 닥친 어려운 문제를 기회로 보고 있는가?"

우리에게 어려운 일이 생겼다면 그것은 선생님이 공부를 잘하는 학생과 못하는 학생을 판단하기 위해 만든 어려운 문제처럼 신이 우리에게 더 좋은 기회를 주기 위해 만든 상황이다. 중요한 것은 그 상황에서 우리가 기회를 잡는 것이다. 어떤 학생이 성적이 좋다면 그 이유는 남들보다 어려운 문제를 더 많이 풀었기 때문이다. 어려운 상황에서 불만불평을 하며 주저앉아만 있다면 공부하지 않아서 문제를 풀지 못하는 학생처럼 나 스스로 바보가 되는 것이다.

학생들의 시험과 성인들의 문제는 비슷하다. 약간의 차이가 있다면 학생들은 공부를 하고 시험에서 어려운 문제를 풀지만, 성인은 어려운 문제를 겪으며 자기계발을 하고 능력을 습득하게 된다는 점이다. 중요한 것은 어려운 일이 닥쳤을 때 그것을 어떻게 내가 받아들이느냐 하는 것이다. 똑같은 상황에서 절망에만 빠져 있느냐, 아니면 오히려 그 상황에서 반드시 큰 기회가 있다고 믿으며 그 기회를 만들려고 하느냐에 따라 결과는 하늘과 땅만큼 차이가 난다.

가끔 신은 우리가 신성하게 생각하고 유일한 희망으로 생각하는 젖소를 절벽에서 밀어 떨어뜨린다. 우리에게 더 좋고 새로운 미래를 만들어주기 위해서 말이다. 나에게 어려운 일이 생기면 그것은 신이 나에게 준비한 더 좋은 일로 나아가는 발판인 경우가 대부분이다. 그 기회를 잡느냐 아니면 포기하느냐는 나의 몫이다.

한 남자가 현대판 방주를 만드는 내용을 다룬 영화 〈에반올마이티 Evan Almighty〉에서 남편 문제로 골치 아파하는 여자에게 신이 식당 종업원의 모습으로 나타나 이런 대사를 한다.

"제가 하나 물어보죠. 누군가 신에게 인내를 달라고 기도하면 신은 어떻게 할까요? 인내를 주실까요? 아니면 인내를 발휘할 수 있는 기회를 주실까요? 용기를 달라고 기도하면 용기를 주실까요? 아니면 용기를 발휘할 수 있는 기회를 주실까요?"

"누군가 신에게 용기를 달라고 기도하면 용기를 주실까요? 아니면 용기를 발휘할 수 있는 기회를 주실까요?"
(사진 출처 : 영화 〈에반올마이티〉)

모든 위인전에서 위인이 되는 조건은 고난의 극복이다. 평탄하게 쉽게 예약되었던 성공을 거머쥔 사람은 아무도 없다. 한편으로 생각하면 평탄한 길에는 큰 기회가 없는 것이다. 안정적으로 모든 것이 진행되고 예상되는 방식으로 모든 일이 흘러간다면 거기에 무슨 기회가 있을 수 있을까? 모든 기회는 위기 속에만 있고, 불확실한 상황에만 대박의 찬스가 있는 것이다. 일반적으로 모든 상황은 위험도 기회도 아니다. 그 상황을 내가 위기로 만드느냐, 기회로 만드느냐만 있을 뿐이다. 상황을 위기로 만드는 사람도 기회로 만드는 사람도 바로 나 자신이다.

 ## 대지진을 피한 사람들

2011년 3월 일본에서 대지진이 일어났다. 당시 지진 여파로 거대한 쓰나미가 발생했고 바다에서 조업을 하던 어부들에게 긴급히 대피하라는 연락이 왔다. 어부들은 신속히 대피했다. 그런데 어떤 어부들은 육지로 대피하지 않고 오히려 수심이 깊은 바다로 나갔다고 한다. 수심이 깊은 바다에서는 해일이 높아도 크게 느껴지지 않아서 항구로 가는 것보다 오히려 더 안전할 것이라고 판단한 것이다. 원을 그려보면 작은 원보다 큰 원의 위가 더 평평하게 느껴지는 것처럼 말이다. 그들의 판단은 정확했다.

엄청난 쓰나미는 항구까지 덮쳤고 마을을 흔적도 없이 지웠다. 항구로 피했던 배들은 마치 장난감처럼 나뒹굴었지만 오히려 먼 바다로 나간 어부들은 안전했다. 상식의 틀을 깨는 생각과 행동으로 그들은 배와 자신들의 생명을 지킬 수 있었다.

사진 출처 : 구글 검색

이것이 사람들이 이야기하는 창의성의 역발상 사례다. 그런데 이런 질문을 해보자. 만약 당신이 바다에서 조업하던 어부라면 쓰나미가 오고 있다는 소식을 듣고 쓰나미가 오고 있는 바다로 배를 몰고 나갈 수 있을까? 먼 바다에서는 해일이 높게 느껴지지 않는다는 사실을 알았어도 대부분의 사람들은 쓰나미가 오는 바다를 향해 배를 몰고 가지 못할 것이다. 실제 상황에서 바다로 배를 몰고 나가는 것은 배짱이 있고 자기 확신이 있는 사람만이 할 수 있는 일이다. 100명 중 몇 명이 실제로 쓰나미가 오고 있는 바다로 배를 몰고 나갈 수 있을까? 아마 그 비율은 혁신가 이노베이터라고 부르는 사람들의 비율일 것이다. 창의성을 발휘하고 혁신적인 결과를 만드는 사람에게는 기본적으로 배짱과 자기 확신이 필요하다.

사람의 몸을 머리와 가슴 그리고 배로 나눠보자. 이 3개의 신체 부분은 인간이 정상적인 활동을 하는 데 꼭 필요한 기관인데, 신체적인 활동이 아닌 마인드를 구성하는 3요소 머리, 가슴, 배로 은유적으로 표현할 수 있다. 머리, 가슴, 배는 각각 냉철한 판단, 따뜻한 마음 그리고 과감한 배짱을 의미한다.

우리가 어떤 일을 할 때는 3가지 모두 필요하다. 우리는 합리적인 판단을 해야 하고 전략적으로 머리를 쓰는 것이 필요하다. 마음을 쓰는 것도 중요하다. 리더십을 발휘하며 좋은 인간관계를 만들어야 한다. 상대의 마음을 잘 공감하며 소통해야 한다. 배짱을 갖고 자신의 철학을 갖고 중요하게 생각하는 가치를 믿는 신념을 가져야 한다.

비즈니스를 하는 사람들 중에는 머리를 쓰며 생각하고 마음으로 느끼며 공감하는 것이 필요하다는 것을 알고는 있지만 정작 배짱과 신념의 중요성을 생각하지 못하는 경우가 많다. 3가지가 모두 필요한데, 그 중에서 좀더 강조하고 싶은 것은 배짱과 철학 그리고 신념이다.

머리	합리적 생각, 논리와 직관
가슴	인간관계와 감성, 리더십
배	배짱과 철학, 신념

창의성을 발휘하기 위해서는 머리, 가슴, 배를 모두 사용해야 한다.

대부분의 일은 3가지 요소가 모두 필요하다. 가령, 창의성을 발휘한다고 생각해보자. 창의성은 엉뚱한 생각을 하는 머리를 쓰는 것만 필요한 게 아니다. 소통하고 공감하며 느끼는 것, 또는 다른 사람들과 개방적으로 어울리며 새로운 소스를 받아들이는 태도 등 가슴을 쓰는 것이 매우 중요하다.

또 한 가지 중요한 것은 자신의 생각을 갖는 것, 그 생각을 믿는 것, 그런 믿음을 배짱을 갖고 발휘하는 것이다. '뚝딱' 좋은 결과가 나오지 않아도 참고 견디는 것, 어떻게 해서든 일이 되게 만드는 뚝심이 필요하다. 좀더 중요한 중심이 있다면 자신의 생각을 믿는 배짱이다.

사회 초년생일 때는 머리를 쓰는 것이 좀더 필요하다. 자신이 갖고 있는 기술적인 스킬을 통해 일을 하기 때문이다. 좀더 성장해 조직에서 중간 계층으로 올라가면 리더십을 발휘하고 인맥을 활용해 사업에 도움을 주는 역할이 필요하다. 가슴을 쓰는 일이 중심이 되게 된다. 그런데 최고경영자가 되거나 의사결정을 하는 일을 하게 되면 머리와 가슴보다 좀더 중요한 것이 배짱을 갖고 철학과 비전을 따라야 한다.

배짱 있는 도전이
결과를 만든다

우리는 위인전을 읽고 성공한 사람들의 이야기를 듣는다. 그들처럼 성공하고 싶기 때문이다. 그렇다면 그들처럼 성공하기 위해서 무엇을 배워야 할까?

사람들은 다양한 이야기를 한다. '선택과 집중' '절대 포기하지 않는 끈기' '정직과 신뢰' 등 많은 교훈이 있다. 그런데 여러 요소들을 구체적으로 생각해보면 그것들을 위해서는 공통적으로 배짱이 필요하다는 생각을 하게 된다.

가령, 배짱이 없는 사람은 선택과 집중이 어렵다. 선택이란 내가 무엇을 고르는 것이라기보다는 고르지 않는 것을 포기하는 것이다. 선택이 어려운 이유는 포기가 어렵기 때문이다. 선택을 못하고 주저한다면 배짱이 없어서 과감하게 포기가 안 되어서이다. 배짱이 없으면 한 번 선택한 것에 집중하기보다는 자꾸 뒤돌아보며 자신이 포기했던 것에 미련을 버리지 못한다. 망설이고 우왕좌왕하며 집중을 못하는 것은 배짱이 없어서다. 끝까지 포기하지 않는 끈기를 발휘하지 못하는 것도 배짱이 없어서다. 더 크게 잃으면 어쩌나 망설이는 것도 배짱이 없어서다. 자신을 솔직하게 드러내고 남을 믿는 것도 배짱이 없다면 어려운 일이다. 우리가 원하는 성공의 비결들은 대부분 배짱을 필요로 한다. 특히 창의성을 발휘하기 위해서는 배짱이 필요하다.

불확실함과 도전 그리고 배짱

사람들에게 듣는 성공담은 이렇다. 넓은 시야를 갖고 트렌드를 읽으며 미래를 예측해 남들이 보지 못하는 기회를 발견한다.

그런데 이것은 맞는 말인가? 아무도 보지 못하는 것은 누구도 보지 못하는 것이다. 미래를 예측했다고 하는 것은 대부분 성공을 포장한 것이다. 미래는 합리적인 분석으로 예측되는 것이 아니다. 미래를 예측했다는 말보다 좀더 정확한 표현은 '배짱을 갖고 불확실한 상황에 도전했다'이다. 가령, 트렌드와 추세를 분석해 앞으로 일어날 일을 예측했다는 말은 아무도 보지 못하는 것을 본 것이 아니다. 남들과 같은 방향으로 대중심리를 따라가는 것이다. 대중심리를 따라가다 보면 아파트 값이 상투에 있을 때 아파트를 구입한다든지 또는 주식시장이 과열되었을 때 주식을 사는 사람처럼 성공은커녕 실패한 사례가 되기 쉽다. 그래서 다수를 따라가기보다는 배짱을 갖고 자신의 판단을 따라가야 한다. 그래야 성공 확률도 높고 과정도 재미있고 결과에도 아쉬움이 없는 것이다.

모든 기회는 불확실함에 있다. 확실하게 드러난 것에는 이미 기회가 없다. 불확실한 가운데 존재하는 기회를 잡는 사람만이 성공의 기회를 잡는 것이다. 그런데 불확실한 기회라는 것은 말 그대로 불확실한 것이다. 배짱을 갖고 자신을 믿고 과감하게 불확실한 상황에 도전해야만 성공의 열매를 맛볼 수 있다. 중요한 것은 배짱을 갖고 도전하는 것이다.

 배짱이 없다면 영광도 없다

무엇인가를 이룬 사람들이 하는 말의 공통점은 '배짱이 없다면 영광도 없다'는 것이다.

"리스크risk를 피하기만 하는 것이 가장 큰 리스크risk이다."

무엇인가를 걱정하고 위험을 감수하지 않으면 우리는 아무것도 할 수 없다. 사랑을 고백하는 사람이 상대방에게 거절당할 것을 걱정하기만 한다면 그의 사랑을 이루어질 수 없을 것이다. 목표를 갖고 꿈에 도전하는 사람이 실패를 걱정하고 안 되었을 때의 절망을 걱정하기만 한다면 그는 도전도 성공도 하지 못할 것이다. 우리가 원하는 것들은 그것을 이루지 못했을 때의 실패 위험을 감수하고 배짱을 갖고 도전해야만 얻어지는 것이다.

인생에서 모험을 시도하면 때로는 아픔을 겪기도 하고 때로는 고통을 받기도 한다. 하지만 위험하다는 이유로 아무런 모험도 하지 않는다면 인생의 재미도 성장도 맛볼 수 없다. 내가 세상을 살아가는 이유도 찾기 힘들 것이다. 그런 인생은 자유인으로서의 삶이 아닌 일종의 노예 같은 삶이다. 자신이 알지 못하는 사이에 두려워하고 무엇엔가 조종당하며 사는 삶은 현대판 노예의 삶이다. 확실하게 미리 정해져 있는 매우 안전하기만 한 삶은 바로 노예 같은 삶인 것이다. 그것은 진정으로 내가 원하는 삶이 아닐 것이다. 그런 삶이 안정을 줄 것이라 생각하면 그것은 오산이다.

"안정을 위해 자유를 포기한 사람은 둘 중 어느 것도 얻지 못할 것이다."

벤자민 프랭클린Benjamin Franklin의 말처럼 자유를 포기하면 안정도 자유도 모두 얻지 못할 것이다.

"우리가 죽은 후에 천당에 가서 하나님을 만나면, 하나님은 우리에게 왜 구세주가 되지 못했느냐고 묻지 않을 것이다. 왜 이런 저런 병의 치료약을 발명하지 못 했느냐고도 묻지 않을 것이다. 그 소중한 순간에 우리에게 던져질 질문은 단 한 가지, '왜 너는 너 자신으로 살지 못했는가?' 하는 물음일 것이다."

― 《살며 사랑하며 배우며》(레오 버스카글리아(Leo F. Buscaglia) 지음, 이은선 옮김, 홍익출판사, 2015.)

배짱으로 배짱을 키우자

배짱을 키우기 위해서는 "기분이 좋아서 웃지만 반대로 억지로 웃어도 기분이 좋아진다"는 말을 기억하면 좋다. 기분이 좋지 않아도, 웃을 일이 없어도, 때로는 억지로라도 웃으면 기분이 좋아진다. 우리의 행동은 생각이나 감정을 만든다. 사람은 감정이나 생각에 의해 행동하게 되지만, 거꾸로 어떤 행동을 의식적으로 하다 보면 그 행동과 연관된 생각이나 감정이 만들어진다. 웃고 미소를 지으면 괜히 기분도 좋아진다. 반대로 기분 나쁜 일이 전혀 없어도 찡그리고 괜히 어두운 표정을 짓기 시작하면 금세 기분이 나빠진다. 행동이 생각이나 기분을 만드는 것이다.

이 원리를 배짱이나 용기, 자신감에 적용시켜보자. 자신감 있는 행동이 마음속에 자신감을 낳는 것이다. 어깨를 펴고 당당하게 걸으며 여유 있게 웃으면서 배짱 있는 척을 해보자. 자신감이 충만한 척을 하는 것이다. 고개 숙이고 구부정하게 위축된 자세를 취하면 몸만 위축되는 것이 아니라 마음까지 위축된다. 처음 만나는 사람과 인사를 할 때도 자신감 있게 악수를 하고 상대의 눈을 피하지 않고 똑바로 쳐다보는 행동을 해보자. 그런 행동이 자신감을 만든다. 주위에 자신감 있는 사람들을 살펴보고 그들의 행동을 관찰해보라. 그들이 행동하는 대로 따라 하는 것만으로도 자신감이 생기는 것을 발견할 것이다.

배짱을 만드는 매우 중요한 요소 중 하나는 운동이다. 신체적인 건강은 자신감과 용기에 많은 영향을 준다. 몸과 마음은 따로 떨어질 수 없는 것이다. 몸의 기능이 떨어져 있고 신체적으로 쇠약해진다면 그만큼 자신감이 떨어지게 마련이다. 그래서 적당한 운동으로 항상 좋은 컨디션을 유지하는 것이 좋다. 생활 속에서 쉽게 적용할 수 있는 것 중 하나가 빠르게 걷기다. 어떤 사람은 성공한 사람들의 공통점으로 빠르게 걷는 습관을 꼽는다. 빠르게 걷는 것은 운동 효과도 있고 마음의 힘을 길러주는 효과도 있다. 특정한 시간에 꾸준히 운동을 하고 달리기를 하는 것도 좋지만, 그렇게 하지 못한다면 걷는 습관부터 좀더 빠르게 걸어보자.

연극의 기법을 활용하는 것도 꽤 좋은 방법이다. 일정한 시간을 연극이라고 생각하고 배짱이 있는 사람의 행동을 연기하듯이 해보자. 의도적으로 배짱이 있는 말투를 사용하는 것이다. 거만하게 깡패처럼 행동하라는 것이 아니다. 말끝을 흐리며 얼버무리지 않고 또박또박 명쾌하게 말하는 것이다. 거만하기보다는 오히려 공손하고 겸손하게 말하면서도 자신의 생각을 숨기지 않고 솔직하게 표현하는 것이다. 얼굴 표정 역시 밝게 미소 지으며 자신감을 드러낸다.

이런 의도적인 행동이 배짱을 만든다. 진지한 마음을 잃으면 안 되지만 얼굴 표정이 항상 굳어 있고 때로는 어두워 보인다면 배짱이 없어 보인다. 긴장하기보다는 여유 있는 얼굴 표정을 짓는 것이 마음의 배짱을 길러준다.

사람들은 인생이 선택이라고 말한다. 우리는 어떤 것을 선택해야 할까? 몸에 좋은 음식을 선택하고 기분 좋은 음악을 선택하는 것처럼 우리의 삶에 좋은 것을 선택해야 하지 않을까? 배짱을 갖고 용기를 갖는 것이 선택이라면 지금부터는 배짱과 용기를 선택해보자. 그것이 나의 소중한 인생을 가장 현명하게 살아가는 방법이다.

"나는 할 수 있다. 나는 해낸다. 나에게는 저력이 있다. 나에게는 오직 전진뿐이다. 이런 신념을 지니는 습관이 당신의 목표를 달성시킨다. 너의 길을 걸어가라. 사람들이 무어라 떠들든 내버려 두어라."

― A. 단테

창의성은
도전이다

 　창의성의 반대말은 두려움이다

　어떤 개념에 대해 좀더 잘 이해하는 과정 중 하나는 그것의 비슷한 말과 반대말을 생각해보는 것이다. 가령, 행복의 반대는 무엇인가? 사람들은 행복의 반대말을 불행이라고 하지 않는다. 행복의 반대말은 불만족이다. 불만족하기 때문에 행복이 오지 않는 것이다. 그럼, 행복의 비슷한 말은 무엇일까? 무엇이 행복을 만드는가? 이 질문에 많은 사람들은 감사라고 말한다. 만족하기 때문에 행복한 것이 아니라 감사하기 때문에 행복하다는 것이다.

> 불만족 ↔ 행복 = 감사

　창의성에 대해도 비슷한 말과 반대말을 찾아보자. 창의성의 반대말은 무엇일까? 무엇이 창의성을 가로막는가? 나는 창의성을 가로막는 가장 큰 장벽은 두려움이라고 생각한다. 사람들은 두렵기 때문에 새로운 것을 시도조차 하지 않는다. '잘못되면 어떻게 하지' 하는 두려움이 새로운 창조의 기회를 빼앗아간다.

　반대로 창의성과 비슷한 말을 찾아보면 도전이다. 정답이 아닌 자신의 답을 만들고 자신의 답을 정답으로 만들어가는 과정은 한 마디로 도전이다. 도전이 없다면 새로움도 없고 창의성도 없다.

> 두려움 ↔ 창의성 = 도전

　강의를 하러 갔을 때 일이다. 강의를 시작하기 전에 강사 대기실에서 잠시 진행을 하는 여직원과 이야기를 나누었다.
　"요즘 뭐가 제일 하고 싶어요?"
　"여행이요. 낯선 곳으로 여행 가서 새로운 것들도 많이 보고, 새로운 사람들도 만나는 거요."
　27살인 그녀는 최근에 낯선 곳으로 여행 갔던 이야기를 했다. 게스트하우스에서 새로운 친구들도 만나고 새로운 곳에서 겪은 경험을 들려주었다. 그녀의 이야기를 듣던 나는 불쑥 이렇게 말했다.

"그런 곳은 위험하지 않아요?"

새로운 곳에서 새로운 사람들과 어울렸던 즐거운 기억을 이야기하는 20대 후반의 여성과 그 이야기를 듣고 있던 40대 후반의 아저씨가 나눈 대화는 거기까지였다. 나의 '노파심'이 여행을 통해 새로움과 즐거움을 만끽했던 젊은 아가씨의 이야기를 끝냈던 것이다. 여행이 위험한 것은 사실이다. 모든 곳이 우리나라처럼 치안이 잘되어 있다는 보장도 없고, 게스트하우스에서 만난 사람들을 모두 믿을 수도 없다. 하지만 그런 불안함과 두려움을 갖고는 여행을 하지 못할 것이다. 그날 나는 또 한 번 느꼈다. 새로움을 가로막는 가장 큰 장벽은 두려움이라는 것을 말이다.

사랑의 반대는 미움이 아니라 무관심이라고 한다. 반대편에 있는 것, 또는 그것을 가로막는 것을 생각해보면 그것에 대해 더 잘 이해하게 된다. 가령, 《성공하는 사람들의 7가지 습관》을 쓴 스티븐 코비 Stephen Covey는 시간관리의 핵심은 중요한 일에 집중하는 것이라고 주장하며, 중요한 일을 가로막는 것은 급한 일이라고 지적했다. 사람들은 급한 일을 하느라 중요한 일에 시간을 못 쓰고 집중을 못한다는 것이다. 즉, 중요한 일의 반대말은 급한 일인 것이다. 이렇게 무엇인가의 반대말 또는 그것을 가로막는 것을 찾아보면 그것에 대해 더 잘 이해할 수 있게 된다. 몇 가지 반대말을 생각해보자.

일반적으로 사람들은 '멋진 인생'을 꿈꾼다. 멋진 몸매, 열정적인 삶, 대단한 성과. 사람들이 원하는 멋진 인생을 가로막는 것은 편안한 생활에 빠지는 것이다. 그래서 '멋진 인생'의 반대는 '편한 인생'이라고 말할 수 있다. 자기계발에 관한 조언을 하는 사람들은 '하고 싶은 일'을 하라고 한다. 하고 싶은 일을 하는 것이 즐겁게 사는 방법이며, 동시에 하고 싶은 일을 하면 그 일을 잘하게 되어 자신의 능력을 발휘하게 된다고 충고한다.

그렇다면 왜 사람들은 하고 싶은 일을 못하는가? '하고 싶은 일'을 가로막는 것은 '하기 싫은 일'이 아니다. '하고 싶은 일'을 가로막는 것은 '해야 하는 일'이다. 해야 하는 일을 하다 보면 하고 싶은 일을 선택하지 못하게 된다. '하고 싶은 일'의 반대는 '해야 하는 일'인 것이다.

이렇게 그것을 가로막는 원인이나 반대말을 생각해보면 새로움의 반대말은 두려움이다. 왜냐하면 사람들은 두려움에 새로움을 포기하기 때문이다. 변화와 혁신을 못하는 이유도 두려움 때문이다. 창의성을 가로막는 가장 큰 장벽은 두려움인 것이다.

> "멋진 인생을 방해하는 것은
> 편한 인생이다."

배짱을 갖고 도전하라

다음 두 가지 질문을 살펴보자.

1. 길이가 5m이고 폭이 50cm인 책상 위를 옆으로 떨어지지 않고 끝까지 갈 수 있을까?

2. 길이가 5m이고 폭이 50cm인 다리가 30층 빌딩 사이에 있다. 이쪽 끝에서 저쪽 끝까지 갈 수 있을까?

첫 번째 질문에는 대부분의 사람이 그렇게 할 수 있다고 대답한다. 하지만 두 번째 질문에 할 수 있다고 대답하는 사람은 극소수다. 차이는 무엇일까? 차이는 바로 두려움이다. 떨어지면 죽는다는 생각이 사람을 떨어뜨려 죽게 만드는 것이다. 떨어질 일이 전혀 없어도 떨어지면 죽을 것이라는 두려움이 실제로 사람을 떨어지게 만든다. 우리의 일도 마찬가지다. 잘못될 일이 아니어도 '잘못되면 어떻게 하나' 하는 두려움이 우리를 지배한다면 잘될 일도 망쳐지게 된다.

다음 사진은 1930년대 뉴욕의 노동자들을 찍은 사진이다. 1932년 9월 20일 맨해튼의 록펠러 센터를 짓던 노동자들이 69층 높이에서 평온하게 점심을 먹는 모습을 찍은 〈Lunch Atop a Skyscraper〉란 제목의 사진이다.

사진 출처 : 구글 검색

사진 속 인부들은 까마득하게 높은 곳에서 일을 하다 잠시 휴식을 취하고 있다. 보는 사람은 아찔하지만 사진 속 주인공들은 아무렇지도 않은 듯 평온한 모습이다. 두렵고 어렵게만 보이는 것도 막상 부딪쳐 보면 아무것도 아니다. 두렵게만 생각하고 있다면 두려움이 일을 망친다는 사실을 기억해보자. 그리고 배짱을 갖고 도전하자. 창의성, 성공 그리고 즐거움을 만드는 가장 중요한 키워드는 바로 배짱이다.

용기를 갖고 자신의 직관을 따르자

2005년 스티브 잡스가 미국의 스탠포드 대학에서 졸업생에게 했던 연설이 화제였다. 많은 사람들이 그의 연설에 감명을 받았다. 그의 이야기 중 다음의 이야기를 들어보자.

"당신에게 주어진 시간은 아주 한정되어 있습니다. 절대로 다른 사람의 인생을 살면서 자신의 인생을 낭비하지 마세요. 다른 사람들의 머리에서 나온 결과로 자신을 가두고 거짓된 삶을 살지 마시길 바랍니다. 다른 사람들의 목소리가 나의 목소리를 잠재우게 하지 마세요. 가장 중요한 것은 용기를 가지고 나의 마음과 직관을 따르는 겁니다. 벌써 당신은 '내가' 무엇이 되어야 하는지 잘 알고 있습니다. 그 외의 것은 그다지 중요하지 않습니다."

스티브 잡스, 1955~2011.

우리가 자신의 직관이나 내면의 목소리를 듣기보다 다른 사람들의 목소리를 따라가는 이유는 배짱이 없어서다. 자신을 믿는 배짱, 두려움 없이 선택하는 배짱, 선택한 일을 주저 없이 행동으로 옮기는 배짱. 우리에게는 배짱이 필요하다. 배짱을 갖고 자신의 직관을 따르며 불확실한 모험을 하자는 것이 어쩌면 도박 같은 인생을 살자는 말처럼 들릴지도 모른다. 하지만 배짱을 갖는 것은 도박과는 전혀 다르다. 도박은 내가 결과를 어떻게 할 수 없는 것이라면 배짱을 갖고 도전하는 것은 내가 결과를 만들어가는 것이다. 정답이 없는 문제에 남이 만들어놓은 정답만을 따라가는 것이 아니라, 내가 정답을 만들어가자는 것이다. 그런 의미에서 본다면 배짱을 갖지 않고 모험을 피하기만 하는 것이 오히려 더 큰 도박인 것이다.

초보자에게
주는 조언

시작하라. 다시 또다시 시작하라.

모든 것을 한 입씩 물어뜯어 보라.

또 가끔 도보 여행을 떠나라.

자신에게 휘파람 부는 법을 가르치라. 거짓말도 배우고,

나이를 먹을수록 사람들은 너 자신의 이야기를

듣고 싶어 할 것이다. 그 이야기를 만들라.

돌들에게도 말을 걸고

달빛 아래 바다에서 헤엄도 쳐라.

죽는 법을 배워 두라.

빗속을 나체로 달려 보라.

일어나야 할 모든 일은 일어날 것이고
그 일들로부터 우리를 보호해 줄 것은 아무것도 없다.
흐르는 물 위에 가만히 누워 있어 보라.
그리고 아침에는 빵 대신 시를 먹으라.
완벽주의자가 되려 하지 말고
경험주의자가 되라.

엘렌 코트의 〈초보자에게 주는 조언〉이라는 시詩이다. 시인의 말 중에 '완벽주의자가 되려 하지 말고 경험주의자가 되라'는 말이 가슴에 와 닿았다.

우리는 너무 완벽하게 무엇인가를 하려고 하기 때문에 더 많은 것을 하지 못하는 경우가 많다. 했던 것에 대한 후회보다 하지 않은 것에 대한 후회가 더 크다고 하지 않는가? 일을 망칠까 두려워서 우유부단하고 망설이며 시도조차 하지 않는 것보다는 오히려 실패도 경험하겠다는 마음으로 더 많은 것을 해보라고 시인은 조언하고 있다. 이런 태도가 자신의 일에 창의성을 발휘하게 하고, 다른 사람들에게 이야깃거리가 되는 자신만의 스토리를 만들기도 한다. 분명한 것은 사람은 누구나 자신의 경험을 넘지 못한다는 것이다. 더 많은 경험이 더 완벽한 나를 만드는 것이다.

다음을 보자. 사람들 옆에 있는 숫자의 의미를 생각해보라. 그 숫자는 무엇을 의미하는 것일까?

모차르트 600	아인슈타인 248	슬로우 165
다윈 119	프로이드 650	렘브란트 650/2,000
피카소 20,000	셰익스피어 154	에디슨 1,093

 이 숫자들은 그들이 남긴 작품 수다. 모차르트는 600편의 작곡을 남겼고, 아인슈타인은 248편의 논문을 남겼다. 프로이드는 650편의 논문을 남겼고, 렘브란트는 650점의 유화와 2,000장의 스케치를 남겼다고 한다. 위대한 작품을 만드는 비결은 더 많은 작품을 만드는 것이다. 더 많은 작품을 만들어봐야 더 위대한 작품을 남길 수 있다.

 피카소가 1905년 24살 때 그린 〈파이프를 든 소년〉이란 작품이 있다. 이 작품은 2004년 5월 뉴욕의 소더비 경매장에서 1억 416만 8천 달러, 우리 돈으로 1,200억원이 넘는 거액에 거래되었다. 피카소나 고흐의 유명한 그림들은 요즘 시세로 대략 1,000억원 정도에 거래가 된다. 이 액수는 일반인이 상상하기 어려운 액수다. 그런데 앞에서 본 것처럼 피카소가 남긴 작품은 20,000점이 넘는다.

 '내가 죽은 후에 1,000억 원 정도에 거래가 되는 불후의 명작을 남기기 위해서 나는 작품 하나를 위해 일생일대를 바치겠다'는 생각으로 일평생 하나의 작품만 만드는 것은 비현실적이다. 더 많은 작품을 만들어봐야 위대한 작품을 만들 수 있기 때문이다. 고흐는 10년간 그림을 그렸다. 27살 때 처음으로 그림을 배우고 그리기 시작해 37살에 돌연 권총 자살할 때까지 고흐가 남긴 작품은 1,000점 정도 된다. 10년간 1,000점의 그림을 그렸다면 1년에 평균 100개의 그림을 그린 것이다. 1년이 52주인 것을 고려하면 1주일에 평균 2개씩 그린 셈이다. 여행 가고 병원에 입원했던 시간들을 고려하면 그는 2~3일에 한 편씩 그림을 그린 셈이다. 그렇게 더 많은 것을 경험했기 때문에 미술 정규교육도 못 받았던 고흐가 위대한 작품을 남길 수 있었던 것이다.

중요한 것은 더 많이 경험하는 것이다. 멋진 것만을 남기겠다는 생각보다는 더 많은 것을 다양하게 남기겠다는 태도가 필요한 것이다.

〈초보자를 위한 조언〉에서 배울 수 있는 점은 자신의 이야기를 만들라는 것이다. 우리는 다른 사람들에게 들려줄 수 있는 자신만의 이야기를 만들어야 한다. 그것이 자신의 삶을 가치 있게 사는 것이다. 남들과 똑같은 이야기는 흥미가 없기 때문에 사람들이 주고받지 않는다. 남들에게 이야기되려면 우리의 이야기는 무엇인가 남과 다른 것이 있어야 한다. 우리는 대부분 인생의 초보자들이다. 평균 수명 100세 시대에 살아갈 날들이 살아온 날보다 더 많다. 그렇다면 우리는 더 많은 경험을 하며 자신의 스토리를 만들어야 한다. 그러기 위해서 우리는 자기 삶에 기대를 가져야 한다. 어제와 똑같은 오늘을 반복하는 것이 아니라 자기 삶의 기대를 갖고 더 많은 것을 경험하며 자신만의 이야기를 만들어보자.

인류 역사상 최고의 부자였던 록펠러, 그의 어머니는 록펠러에게 한 가지만은 꼭 지키라고 했다고 한다. "교회에 30분 일찍 가서 맨 앞자리에 앉아라!"는 것이었다. 나는 이 이야기를 그냥 시간 약속 잘 지키라는 말 정도로만 생각했다. 하지만 좀더 생각해보면 어떤 일이든지 30분 일찍 준비하고 맨 앞자리에 앉는 것은 그 일에 대해 기대를 갖는 것이다. 공부를 열심히 하는 학생이라면 선생님의 말씀을 조금이라도 집중해 듣기 위해 맨 앞자리에 앉고 싶어할 것이다. 소녀시대 공연을 보러 가는 팬에게 자리를 선택할 수 있게 하면 모두 맨 앞자리에 앉고 싶어할 것이다. 그만큼 그 시간에 대한 기대와 열정이 있는 것이다. 우리도 자신의 삶에 기대와 열정을 가져야 한다. 무슨 일이든 좀더 일찍 가서 앞자리에 앉아 더 많은 경험을 하고 그것을 바탕으로 자신의 스토리를 더 많이 만들어야 한다.